정신의 풍경에서 노닐다

정신의 풍경에서 노닐다

■ 서문

고전은 먼 여정입니다. 그 여정은 아득한 귀향의 여정입니다. 하이데거는 '귀향이란 근원 가까이로 돌아감'이라고 하였습니다. 고전을 펼친다는 것은 고향, 혹은 근원을 향한 멀고 먼 우회로에 들어서는 것이며, 끝없이 두 갈래로 갈라지는 미로 속의 방황이며, 위험한 항해를 위해 오디세이의 돛을 바람 속으로 펼쳐올리는 일입니다.

고전이란 시간이 휘두르는 무자비한 부식의 힘과 망각의 습관을 이겨내고 살아남은 것입니다. 고전은 망각의 시간들을 이겨내고 시대마다 끊임없이 다시 솟아오릅니다. 고전이 오랜 세월을 견뎌내는 힘은 도대체 어디에서 나오는 것일까요? 그것은 고전이 한 시대의 표면에서 명멸하는 문제를 넘어서 무언가 삶의 심층에 있는 근원을 건드리고 있기 때문입니다.

저명한 분석심리학자 칼 융은 표층에서 드러나는 모순과 대립은 심층으로 들어갈 때 비로소 해소된다고 하였습니다. 고전과 만나는 것은 심층으로 들어가서 삶의 근원적 지평에 서는 일입니다. 그 지평에서 다시 우리 시대의 문제를 만나는 일입니다. 혼돈을 극복하고 새 시대를 연 대전환의 역사는 모두 고전이라는 근원과의 만남 속에서 일어났습니다. 그것을 "옛 것을 본받아 새로운 것을 창조한다(法古創新)", "옛 것으로 들어가 새로운 것으로 나온다(入古出新)"라고 합니다. 그래서 우리의 인문학 운동은 고전 운동입니다.

10년 동안 계속되어 온 'KBS 고전아카데미'는 고전 운동의 살아 있는 현장이었습니다. 강단의 고전 연구자들과 삼백 여명 시민들의 열정이 함께 폭발하고 충돌하고 융합하는 그 에너지를 우리는 잊지 못합니다. 이제 그 열정의 마당, 새로운 상상력과 삶을 꿈꾸는 풍성한 고전의 향연에 여러분을 초대합니다.

'KBS 고전아카데미' 기획위원
이경균, 이성희, 조현천

■ 목차

07 박제가, 『북학의(北學議)』 ∥ 김교빈
— 나라를 위해서라면 오랑캐에게라도 배워야 한다

35 곽희, 『임천고치(林泉高致)』 ∥ 이성희
— 천지 정신의 풍경에서 노닐다

65 『금강경(金剛經)』 ∥ 권서용
— 존재를 삼켜 허공을 뱉다

91 왕필, 『주역약례(周易略例)』 ∥ 구미숙
— 역(易)의 은유(隱喩)를 의리(義理)로 읽다

119 『예기(禮記)·악기(樂記)』 ∥ 김승룡
— 사람의 마음을 정시(正視)하니 세상이 달리보이다

박제가, 『북학의(北學議)』
— 나라를 위해서라면 오랑캐에게라도 배워야 한다

김교빈

김교빈은
성균관대학교에서 철학박사 학위를 받았다. 지금은 호서대학교 문화기획학과 교수로 재직하고 있다. 『동양철학에세이』, 『한국철학에세이』, 『동양철학과 한의학』 등의 저서가 있으며 『중국고대철학의 세계』, 『중국의학과 철학』, 『기의 철학』 등을 번역했다.
kkb@hoseo.edu

1. 북학이란 무엇인가

 전통시대 우리 지식인들이 선진 문물을 배우는 곳은 중국이었다. 원광, 의상, 최치원 같은 신라 지식인들은 당나라로 갔고, 의천 같은 고려 스님들은 송나라로 갔으며, 안향을 비롯한 유학자들은 원나라로 갔다. 조선 초기에 이르면 직접 공부하러 가는 경우는 없었지만 명나라로 사신을 가거나 사신이 올 때 서적을 구해서 공부를 했고, 조선 후기에는 청나라와의 교류를 통해 지식을 넓혔다. 특히 청나라에는 서양 문물도 많이 들어와 있었다. 하지만 중국을 가기가 쉽지는 않았으며, 가더라도 문물을 보는 눈, 즉 세계관에 따라 본 내용이 달라졌다.
 중국은 사신행차의 일원으로 가는 것이 가장 쉬웠으며 장사치도 일부 밀무역을 제외하면 국가의 지정을 받아 사신 행차를 따라 갔다. 더구나 조선 후기 지식인들의 청나라에 대한 태도는 두 가지였다. 하나는 집권 세력인 서인 노론들의 북벌론(北伐論)이었다. 청나라는 만주족이라 불린 북방 민족이 세운 국가였다. 만주족은 그전에 여진족이라 불렸으며, 수나라 당나라 때에는 말갈족이라 불렸는데 누르하치의 뒤를 이은 태종이 나라 이름을 청으로 고쳤다.) 북벌론의 명분 중 하나는 오랑캐인 청나라를 침으로써 임진왜란 때 우리를 구해 준 명나라의 은혜를 갚자는 것이었고, 다른 하나는 병자호란의 치욕을 씻자는 것이었다. 지식인들의 또 다른 태도는 나라를 강하게 만들기 위해서라면 오랑캐에게라도 배우자는 북학론(北學論)이었다. 이들에게 청나라와의 대결의식이 없는 것은 아니었지만 현실적으로 청나라와의 싸움이 불가능한 상황에서 더 급한 일은 중국의 앞 선 문물을 배워 나라를 강하게 하고 백성들의 삶을 윤택하게 하는 것이라고 보았다. 북벌과 북학이 나라와 민족을 생각하는 점에서는 같았을지 모른다. 하지만 방법과 목적이 달랐던 것이다.

북벌론과 북학론은 인물성동이논쟁(人物性同異論爭)과도 연관이 있다. 이 논쟁은 인간과 인간 아닌 것의 본성이 같은가 다른가를 따지는 논쟁이었으며, 다른 이름으로는 호락논쟁이라고도 불린다. 같다는 입장은 외암 이간(巍巖 李柬)이 중심이었으며 낙론(洛論)이라 불렸고, 다르다는 입장은 남당 한원진(南塘 韓元震)이 중심이었으며 호론(湖論)이라 불렸다. 다르다는 입장은 북벌론의 배경이 되었고, 같다는 입장은 북학론의 배경이 되었다.

북학은 박제가의 생각을 가장 잘 보여주는 용어이다. 북학과 북벌의 북은 북쪽이 아니라 지리적으로 청나라를 뜻하는 말이다. 하지만 북학의 북에는 청나라가 아니라 우리보다 앞 선 중국의 문물이라는 뜻이 담겨 있다. 박제가(1750~1805)는 중국을 네 번 다녀왔다. 그는 첫 번째 다녀왔을 때 보고 느낀 것을 가지고 『북학의』 초고를 만들었고, 세 번째 다녀온 뒤 중요한 내용을 추려서 『진소본북학의(進疏本北學

議)』를 만들어 정조에게 바쳤다.

북학이란 표현은 『맹자』에서 온 것이다. 『맹자』 「등문공 상」에는 "진량은 초나라 사람으로 주공과 공자의 도를 좋아해서 북쪽 중국에 가서 배웠다. 북방 학자들 가운데 누구라도 그보다 앞 선 사람이 없었으니 호걸스러운 선비라 할 것이다."는 표현이 나온다. 진량이 태어난 초나라는 남쪽에 있던 문화적으로 뒤떨어진 나라였다. 그런데 공자가 태어난 북쪽 문화를 흠모해서 찾아와 배운 사실을 칭찬한 것이다. 아마도 박제가는 여러 차례 중국을 오가면서 앞선 문물을 배우는 자신의 모습이 진량과 같다는 생각이 들었던 모양이다.

2. 서얼로 태어난 삶

박제가는 우부승지 박평의 서자로 태어났다. 우부승지는 정3품 당상관으로 임금의 명령을 신하에게 전하기도 하고 명령의 결과를 왕께 보고도 하는 상당히 높은 벼슬이었다. 그러나 서자는 조선시대 내내 반쪽 양반이었다. 조선은 건국 초부터 『경국대전(經國大典)』에 서얼은 죄 지은 자, 재혼한 부녀자나 정절을 지키지 못한 여자의 아들 손자 등과 함께 과거시험을 볼 수 없도록 못을 박아 놓았다. 특별히 아버지가 높은 관직에 있었다면 벼슬을 할 수 있었지만 다른 양반들과 몇 등급 차이 나는 잡직(雜職)에 한정되었다.

박제가의 자(字)는 재선·차수·수기이고, 호는 초정(楚亭)·정유(貞蕤)·위항도인(葦杭道人)이다. 초정은 그가 어려서부터 즐겨 읽던

「초사(楚辭)」에서 따 왔으며, 특히 굴원의 「이소(離騷)」에서 의미를 가져왔다. 「이소」는 초나라 대부였던 굴원이 임금에게 뜻을 펼쳐 보이지 못한 울분과 나라를 걱정하는 심정을 그린 것으로 근심을 만났다는 뜻이다. 초정이라는 호 속에는 평탄하지 못한 굴원의 삶처럼 자신의 뜻을 펼치기 어려운 서얼의 한이 담겨있는 것이다.

박제가는 11살 때 아버지가 돌아가시자 어머니와 함께 집을 나왔고, 박제가의 어머니는 새벽닭이 울 때까지 삯바느질을 하면서 아들을 키웠다. 박제가가 사람 접대하는 것만 보고는 그의 가난을 짐작할 수 없었을 정도였다고 한다. 박제가는 어려서부터 4살 위 누이에게 글을 배웠는데 워낙 재주가 뛰어나서 글도 쉽게 익혔을 뿐 아니라 글 잘 짓기로도 소문난 사람이었다.

박제가의 삶이 의미를 갖기 시작하고 마침내 즐거움과 열정으로 타오르게 된 계기는 북학파 동지들을 만난 것이었다. 그는 18세 때 아홉 살이나 위였던 이덕무(1741~1793)를 만나 평생 스승이자 친구가 되었다. 이덕무는 15세 때 박지원(1737~1805)의 글을 보고 그를 흠모하다가 박지원을 찾아가 제자이자 친구가 된 사람이다. 그런 인연으로 박제가는 이덕무를 통해 열세 살 위인 박지원을 만났다. 박제가가 쓴 「백탑청연집서(白塔淸緣集序)」에는 당시 두 사람의 만남을 이렇게 적고 있다.

지난 무자(戊子)년과 기축(己丑)년 어름의 내 나이 18,9세 되던 때 박지원 선생의 문장이 뛰어나 세상에 이름이 높다는 소문을 듣고 탑 북쪽으로 선생을 찾아 갔다. 선생은 내가 왔다는 전갈을 듣고 옷을 차려 입고 나와 맞으며 오랜 벗처럼 손을 잡으셨다. 마침내 지은 글을 전부 꺼내어 읽어보게 하셨다. 그리고는 몸소 쌀을 씻어 다관에 밥을 안치더니 흰 주발에 가득 담아 옥 소반에 받쳐 내온 뒤 술잔을 들어 나를 축수(祝壽)하셨다. 나는 놀라우면서도 기쁨이 지나쳐 천고(千古)에나 있을 법한 대단한 일이라 생각되어 글을 지어 답하였다.

박제가는 박지원을 통해 홍대용(1731~1783)도 알았고, 유득공(1749~1807), 서상수(1735~1793), 이서구(1754~1825) 등과도 어울리기 시작하였다. 그래서 뜻을 같이할 수 있는 동지들과 '한번 가면 열흘이고 스무날이고 돌아올 줄 모르는' 사이가 되면서 서얼의 고달픔도 잊을 수 있었고, 사회에 대한 열정도 키워갈 수 있었다. 특히 이덕무, 유득공, 이서구는 박제가와 같은 서얼이었다. 그들은 서로가 가진 시·그림·글씨의 재능에 심취하였다. 심지어 박제가는 충무공의 5대손 이관상의 서녀와 결혼한 첫 밤을 지내자마자 장인의 말을 빌려 타고 가서는 벗들과 어울려 술을 마셨다고 한다. 박제가가 '벗이 하루라도 없으면 두 손을 잃은 것 같다'고 했을 정도로 형제보다 더 가까운 사이가 되었던 것이다.

박제가의 글 솜씨는 청나라 학자들에게까지 알려질 정도였다. 이덕무의 친구였던 유득공의 숙부 유금이 1776년 중국을 방문하면서 이덕무, 유득공, 박제가, 이서구 4명의 시를 담은 『한객건연집(韓客巾衍集)』을 청나라 학자 반성균 등에게 소개하였고, 1777년에는 청나라에서 책으로 간행되기도 하였다. 그래서 이 책 앞에는 중국 거물학자인 이조원과 반정균의 서문이 붙어 있다. 이밖에 박제가의 문집 『정유고

략』 두 권이 연경에서 간행되기도 했다.

사실 박제가는 어릴 때부터 시와 글씨로 많은 사람들의 칭찬을 얻었다. 이덕무가 박제가를 알게 된 계기도 처남이었던 무인 백동수의 집에서 열다섯에 쓴 박제가의 현판 글씨를 본 일이었다. 하지만 이런 명성 뒤에는 엄청난 노력이 숨어 있었다. 박제가는 스스로 "어릴 때부터 글을 좋아해서 한 번 책을 읽고 나면 반드시 세 번씩 베껴 썼고, 입에는 늘 붓을 물고 있었다. 변소에 가면 그 옆 모래에 그림을 그렸고, 앉아서는 허공에 글쓰기를 연습했다"고 했다. 그래서 글 솜씨에 대해 '맑고 아름다워서 세속을 벗어났다'는 평을 받았고, 감칠맛이 뛰어나서 '글에서 손을 빼는 것이 총알 같다'는 평도 들을 수 있었다.

북학파의 대부였던 박지원은 지금의 파고다 공원 뒤편에 살았고, 이덕무, 유득공, 유금, 이서구, 서상수 등도 그 언저리에 모여 있었다. 당시 파고다 공원 자리에는 원각사지 10층 석탑이 있었는데, 이 탑을 백탑이라고 불렀기 때문에 이들도 백탑파라고 불렸다. 그들은 가난도 아랑곳하지 않았다. 어려우면 『맹자』나 『좌전』을 팔아서 술을 먹기도 하였다. 그들을 하나로 묶은 것은 무엇이었을까?

1777년 3월 정조가 발표한 서얼허통법은 재주 있는 서얼들에게는 가뭄의 단비였다. 조선은 개국 초부터 서얼들의 사회 진출을 막았지만 시간이 지나면서 서얼에게도 사회 참여의 기회를 주자는 의견들이 나오기 시작하였다. 특히 이이는 부모 가운데 신분이 좋은 쪽을 따르게 하자는 종량론(從良論)을 주장했다. 그리고 1567년부터는 서얼들이 직접 나서서 서얼소통운동을 벌렸다. 그런 노력의 결과 영조 때에는 문과는 사헌부와 사간원, 그리고 무과는 선전관까지 임용이 허용되었고, 정조 때에는 부사까지 오를 수 있게 되었다. 이 같은 변화는 영조가 천민에 가까운 무수리 소생이었던 것과도 관련이 있을 것이다.

정조는 즉위 초 규장각을 만들고 서얼들을 청직(淸職)에 기용하였다. 그래서 박제가, 이덕무, 유득공, 이서구 등이 모두 규장각 검서관(檢書官)이 되었고, 박제가는 13년 동안 규장각에 머물면서 많은 도서를 마음껏 볼 수 있는 행운을 누렸다. 뿐만 아니라 그 시간은 정조를 곁에서 모실 수 있는 기회였다.

박제가는 규장각에서 책을 보느라 눈을 혹사한 탓에 안질이 생겨서 43세 때에는 부여현감으로 나갔고, 45세 때에는 무과 별시에 장원을 하여 오위장(五衛將)을 지냈기도 하였다. 하지만 정조가 죽던 해 네 번째 중국을 다녀온 뒤 신유사옥에 휘말려 함경도 종성으로 귀양을 갔다. 정조의 총애와 청나라의 앞선 문물을 배우자는 주장이 화근이었다. 그리고 4년 뒤 귀양에서 풀려났지만 얼마 안 가 사회에 대한 열정을 가슴에 품은 채 눈을 감았다.

3. 네 번의 중국 기행과 『북학의』

박제가의 첫 번째 중국 기행은 29세 때 이덕무와 함께 사신 채제공을 따라 간 일이다. 박제가는 여행길에서 본 것을 꼼꼼히 기록해 두었고, 돌아와서는 통진에 머물며 3개월 만에 『북학의』 내편과 외편을 썼다. 두 번째 기행은 41세 되던 해 5월, 유득공과 함께 건륭제 80회 생일 축하 사신을 따라 간 일이다. 이 기행에서 박제가는 『사고전서』 편찬 책임을 맡고 있던 기균(紀昀), 옹방강(翁方綱), 완원(阮元) 같은 대학자들을 만났다. 그리고 같은 해 10월, 특명을 받고 정3품 자격으로 동지사를 따라 간 것이 세 번째 기행이다. 박제가는 49세 되던 해 정조가 농업 진흥을 위한 의견을 널리 구하자 북학의에서 1/3 정도를 간추린 『진소본북학의』를 만들어 정조에게 바쳤다. 물론 그의 건의는 대부분 반영되지 못하였다. 그리고 네 번째 기행은 51세인 1800년에 주자의 책을 구하기 위하여 유득공과 사은사 일행을 따라간 일이다.

『북학의』는 북학파라는 명칭이 이 책 이름에서 왔을 정도로 북학파들의 생각을 잘 담고 있다. 『북학의』에는 서명응, 박지원, 그리고 박제가 자신이 쓴 세 편의 서문이 붙어 있다. 서명응은 정조의 동궁 시절 스승이었고, 규장각 초대 책임자였으며 북학파의 정신적 지도자였다. 서명응은 '바람이 불려면 소리개가 먼저 울고, 비가 내리려면 개미가 먼저 둑을 쌓는다'는 『시경』 구절을 인용하면서 '이 책이 현실에 쓰일지는 알 수 없지만 조정에서 제도에 관한 책을 만들 때 소리개나 개미처럼 미래를 내다보는 역할을 하지 말라는 법은 없을 것'이라고 하였다.

박지원은 서문에서 자신이 북경을 다녀오니까 박제가가 『북학의』를 보여주었는데, 자신이 쓴 『열하일기』와 내용이 같아서 마치 한 사람이 쓴 것 같았다고 하였다. 그리고 '일찍이 비 내리는 지붕과 눈 내리는 처마 밑에서 함께 연구하였으며, 술기운 거나해 지고 등잔 심지가 가물거릴 때까지 맞장구치면서 토론하던 내용을 눈으로 직접 확인해 본 것이기 때문'이라고 하였다.

박제가는 스스로 쓴 서문에서 당나라에 유학하며 신라 풍속을 중국 수준으로 올릴 방법을 고민한 최치원(崔致遠)과 중국을 가본 다음부터 조선을 중국처럼 만들려고 했던 조헌(趙憲)을 어려서부터 흠모하여 그 분들의 마부라도 되고 싶었다고 하였다. 또 '이 책에서 말한 것이 당장 시행되지 않는다 해도 여기에 쏟은 징성은 후세 사람들이 알아 줄 것이며, 최치원과 조헌 두 분의 뜻도 그러했을 것'이라고 하였다. 그리고 공자가 '백성들이 많아진 다음에 가르친다.'고 하셨고, 관중도 '입을 것과 먹을 것이 풍족해진 다음에 예절을 차리게 된다.'고 한 점을 들어 이용후생(利用厚生)이 덕을 바로잡는 일보다 먼저라고 하였다.

『북학의』는 내편에 벽돌·기와·창문·뜰 같은 주거 환경, 길·다리·수레·배·시장·화폐·자 같은 장사나 유통 관련 항목, 활·총·화살·성곽 같은 국방 관련 항목, 그 밖에 문방구·골동품·중국어·의복·통역·종이 등에 대해 보고들은 것을 기록하였다. 그리고 외편에는 밭·거름·뽕나무·과일·농기구 같은 농업과 잠업 관련 항목, 과거제·관직·봉급 같은 인재 선발 및 운용, 북학론·경제론·해외 통상론 등이 실려 있다.

4. 『북학의』에 담긴 생각들

(1) 왜 북학인가?

박제가가 살던 당시 대부분의 조선 지식인들은 청나라는 오랑캐이며, 오랑캐 문화는 보잘 것 없다는 입장이었다. 그러면서 '존왕양이(尊

王攘夷)', '존주론(尊周論)'의 명분을 내걸고 현실적으로 불가능한 북벌을 주장하였다. 하지만 당시 청나라는 강희, 옹정, 건륭제를 거치면서 엄청나게 강한 나라가 되어 있었다. 박제가는 당시 지식인들의 눈은 아교로 붙이고 옻칠까지 한 눈이라고 비판한다. 아교로 붙였기 때문에 시각이 고정되어 있고, 옻칠 때문에 사물을 바로 볼 수 없다는 것이다. 예를 들어 나라를 위해 수레가 필요한데 써 보지도 않은 채 산이 험하고 물이 가로막아서 사용할 수 없다고 하는 것은 아교로 붙인 눈 때문이라는 것이다. 그래서 청나라를 헐뜯거나 서양을 폄하하면 사실과 다른 일도 얼른 믿지만 청나라를 높이면 성을 내고 얼굴빛을 바꾸며 심지어 죄를 물으려 한다고 하였다. 이런 일들은 모두 오랑캐라는 선입견 때문이라는 것이다.

　형편없는 선비는 오곡(五穀)을 보면 중국에도 이런 것이 있는지 묻고, 중간쯤 가는 선비는 글 솜씨가 우리보다 못하다고 하며, 내노라 하는 선비는 중국에는 성리학이 없다고 한다. 정말 그렇다면 중국에는 제대로 된 일이 한 가지도 없으며 내가 배울만하다고 말하는 그런 사람이 거의 없다는 것인가? [⋯]
　중국 책을 읽지 않는 자는 스스로 금을 긋는 것이오, 온 세상이 모두 오랑캐라고 하는 사람은 남을 속이는 것이다. 중국에는 육상산이나 왕양명의 학문을 한 사람도 있지만 주자를 제대로 이어받은 사람도 있다. 그런데 우리는 사람마다 정자와 주자를 말하기 때문에 나라 안에 이단이 전혀 없으며, 사대부들도 감히 양명학을 말하지 않으니 어찌 그 도가 한 가지에서 나왔기 때문에 그러한 것이 아니겠는가. 사람들을 과거나 보는 학문으로 몰아가며 풍습으로 단단히 묶어 놓았다. 이렇게 하지 않으면 제 한 몸도 먹일 수 없고 자손도 보전할 수 없다. 이것이 바로 중국의 규모보다 못한 이유이다.

(『북학의』「북학변」)

박제가가 애써 배우고자 한 것은 청나라가 아니라 중국 문화였다. 박제가도 언젠가는 청나라를 물리쳐야 한다고 보았지만 원수를 갚자는 이야기만 되풀이할 뿐 어떻게 갚을 것인지를 생각하지 않는 대다수 지식인들의 태도는 허위의식이었다. 그것은 북벌을 앞세워 대다수 국민들의 청나라에 대한 반발을 담보로 자신들의 기득권을 유지하려는 술수로 밖에 볼 수 없는 것이었다. 이 같은 생각은 다음의 글에 잘 나타나 있다.

진실로 백성들에게 이롭다면 비록 그 법이 오랑캐에게서 나왔더라도 성인은 그 법을 취했을 것인데 하물며 중국임에랴. […] 하찮은 사내도 원수를 갚고자 하면 원수가 차고 있는 칼을 보고는 그 칼을 빼앗을 방법을 고민하는 법이다. 그런데 지금은 당당한 제후의 나라로서 세상에 큰 뜻을 펼치려 하면서도, 중국의 법 하나 배우려 하지 않고 중국의 선비 하나 사귀려 하지 않는다. 그래서 백성들로 하여금 수고롭게 일하게 하면서도 공은 없으며, 가난하고 굶주려서 스스로 쓰러지게 만들면서도 백배의 이익을 버리고 행하지 않는다. […] 만약 망한 명나라를 위해 복수하고 치욕을 씻으려 한다면 중국을 힘써 배우고 난 20년 뒤에 함께 논의해도 늦지 않을 것이다.

(『북학의』「존주론(尊周論)」)

뿐만 아니라 박제가는 구체적인 북학 방법까지 제시하고 있다. 조선은 늘 과거시험을 통해 뽑은 문신 가운데 유능한 사람을 선발하여 중국어를 익히게 하였고, 임시 벼슬인 질정관으로 임명하여 사신 행차를 따라 중국에 가서 여러 가지를 알아오게 하였다. 그렇게 얻어온 지식으로 우리 잘못을 바로잡아갔던 것이다. 박제가는 그런 제도의 부활을 통해 실질적으로 문물을 배워오자고 하였다.

    지금이라도 경험이 많고 재주와 기술을 가진 사람들을 가려 뽑아 1년에 10명씩 사신 행차에 비장이나 역관으로 섞어 보내자. 한 사람이 이들을 거느리되 예전부터 음운(音韻)이나 제도·사물 같은 특정 사안을 배워 오던 질정관의 예에 따라 중국에 들어가서 문물을 배우되 물건을 사기도 하고 재주를 전해받기도 하여 앞선 중국 문물을 나라 안에 널리 퍼뜨리게 하자. 그리고 특별 기구를 만들어 백성들에게 가르치고 힘써 시험해 봄으로써 그 문화의 장단점을 살피고, 들인 수고의 허와 실을 따져서 상을 주기도 하고 벌을 주기도 한다.
    한 사람을 세 번 중국에 보내되 세 번을 다녀와도 효과가 없으면 다른 사람을 선발한다. 이렇게 하면 10년 안에 중국의 기술을 거의 다 얻게 될 것이니 사방 천 리의 땅이 사방 만 리의 땅이 될 수 있으며, 3~4년 걸려 얻을 곡식을 1년 안에 얻을 수 있을 것이다.

『북학의』「재부론(財富論)」

(2) 쓸 줄 모르면 가난해진다

    실학의 흐름을 처음 만든 성호학파는 농업에 치중하였다. 하지만 북학파는 상업과 유통을 강조하였고, 그 가운데서도 상업을 특히 강조한 것은 박제가였다. 다음 글을 보면 박제가가 상업을 얼마나 중요하게 생각하였는지 잘 알 수 있다.

본래 장사꾼은 사농공상 사민(四民) 가운데 하나이지만 이 하나가 나머지 셋을 소통시키기 때문에 30% 정도의 비중으로 보지 않으면 안 된다. 예를 들어 어떤 사람이 쌀밥을 먹고 비단옷을 입는다면 그 밖의 다른 물건은 쓸데없는 물건들로 보일 것이다. 그러나 쓸데없는 물건을 사용해서 쓸모 있는 물건을 돕지 않는다면 쓸모 있는 물건도 한 곳에 묶여서 유통되지 않거나 혼자 돌아다니다가 쉽게 없어져 버릴 것이다.

지금 우리나라는 사방이 수 천리이며 백성도 많고, 산물 또한 갖추어지지 않은 것이 없다. 그럼에도 산이나 연못에서 나는 생산물이 세상에 다 나오지 못하고, 경제를 보살피는 도리가 온전하게 갖추어지지 않았으며, 날마다 쓰는 물건에 대해서도 팽개쳐 놓은 채 말도 제대로 못하고 있다. 그러면서도 중국의 집, 수레와 말, 단청, 비단 같은 것들의 화려함을 보고는 사치가 심하다고 한다.

중국이 정말 사치 때문에 망한다면 우리는 반드시 검소 때문에 망할 것이다. 왜 그럴까. 본래 물건이 있는데도 헛되게 쓰지 않는 것이 검소이니, 자기에게 없는데 스스로 끊어버리는 것을 말하는 것이 아니다. 지금 나라 안에는 진주를 캐는 집이 없고, 시장에는 산호 값이 정해져 있지 않다. 금이나 은을 가지고 가게에 들어가 떡과 엿을 살 수 없다. 이런 현실은 우리 풍속이 정말 검소함을 좋아해서 그런 것인가? 아니다. 쓸 줄 몰라서 그렇다. 쓸 줄 모르면 만들 줄 모르게 되고, 만들 줄 모르면 백성들은 날로 가난해 진다.

본래 재물은 우물과 같아서 자꾸 퍼 쓰면 늘 가득 차지만 버려두면 말라버린다. 비단 옷을 입지 않으면 나라에 비단 짜는 사람이 없어지고, 여자들의 옷 만드는 기술이 부족해진다. 찌그러진 그릇을 싫어하지 않고 물건 만드는데 부리는 기교를 높이지 않는다면 나라 안에 공쟁이와 도자기 굽는 기술자가 할 일이 없어져서 기술 자체가 없어지게 된다. 그래서 농업이 황폐해지고 농사짓는 방법조차 잃어버렸으며, 장사를 소홀히 대하여 상업 자체가 없어졌으니, 사농공상 사민이 모두 가난해서

박제가, 『북학의(北學議)』

서로를 도울 수가 없다.

『북학의』「시정(市井)」

　박제가의 경제론은 초기 자본주의 이론에 가까우며, 자꾸 퍼 쓰면 새로운 물이 가득하지만 버려두면 말라버린다는 주장은 '소비가 미덕'이라는 주장과 같다. 사실 유교는 이해관계를 따지는 일보다 옳고 그름을 따지는 일이 중요하다고 보았다. 그래서 이익을 추구하는 상업 부정과 아울러 검소와 절제를 강조하는 것으로 나아갔다. 하지만 박제가는 쓸 물건조차 없는 상황에서의 검소는 나라를 망치는 것이라고 보았다. 그리고 상업을 천시하는 사회의식을 비판하면서 놀고먹는 양반에게 국가가 돈을 대주고 장사를 시키자는 생각으로까지 나아갔다. 이처럼 양반도 장사 시키자는 주장은 양반의 신분을 떨어뜨려서 신분제 타파를 꾀한 적극적인 생각이라고 할 수 있다. 다음 글들에 이 같은 박제가의 생각이 잘 드러나 있다.

　중국 사람은 가난하면 장사꾼이 되니 진실로 현명한 일이다. […] 우리나라 풍속은 헛되이 꾸미는 것을 숭상하고 주위를 돌아보면서 금하는 것이 너무 많다. 사대부들은 차라리 놀고먹을지언정 들에 나가 농사를 짓지 않는다. 어쩌다 그런 것을 모르는 양반이 있어서 베잠방이를 입고 패랭이를 쓴 채 물건 사라고 외치며 시장을 돌아다니거나 먹줄, 칼, 끌 같은 것을 지니고서 남의 집 일을 하고 얻어먹으면 부끄러운 일이라고 비웃으며 혼인을 맺지 않는 자가 적지 않을 것이다. 그러므로 비록 집에 돈 한 푼 없는 자도 모두 잘 차려 입고 차양 높은 갓에 넓은 소매를 하고서 나라 안을 휘젓고 다닌다.

『북학의』「상고(商賈)」

(3) 수레가 다니면 길은 저절로 나온다

박제가의 상업 강조론은 그 범위가 국내로 제한되지 않았다. 그는 나라의 가난을 구할 수 있는 가장 좋은 길은 중국과의 교역이라고 보았고, 3면이 바다인 이점을 살려서 일본과 안남 같은 동남아 지역까지 교역을 확대하자고 하였다. 그리고 국내의 교역도 수레와 배를 통해 활발하게 만들어야 한다고 보았다.

수레는 하늘에서 나와 땅에서 움직인다. 만물을 싣기 때문에 이로움이 이보다 큰 것이 없다. 그런데도 우리나라만 유독 수레를 쓰지 않는 것은 어째서인가? 그 까닭을 물으면 산과 내가 험해서 그렇다고 한다. 대체로 신라 이전에도 수레를 쓰지 않았을 리가 없다. 험한 곳은 그대로 둘지언정 통행이 가능한 곳만이라도 수레를 두자. 도(道)에는 도에 맞는 수레를 두고 고을에는 고을에 맞는 수레를 두자. 만일 고개 넘기를 꺼린다면 고개를 넘을 때 쓰는 수레를 두자. […] 수레가 다니면 길은 저절로 만들어진다.

(『북학의』「수레(車)」)

우리나라는 동서가 천리요 남북이 삼천리이며 서울이 그 가운데 있으므로 사방의 물건들이 서울로 모인다. 그러므로 각 지역의 거리가 옆으로는 오백 리를 넘지 못하고 아래 위로는 천리를 넘지 않는다. 또 3면이 바다로 둘러싸여서 가까운 바닷가끼리는 배로 운반하고 있으니 땅에서 물건을 유통시키는 자는 아무리 먼 곳이라도 5-6일 정도를 넘기지 않고 가까우면 2-3일 정도 걸린다. […] 이제 전주 상인이 처자식을 끌고 생강과 빗을 산 뒤 걸어서 신의주까지 가서 판다면 이익이 두 배나 네 배가 못될 것이다. 힘은 길에다 쏟고 식구들과의 즐거움을 누릴

기회도 없다. 이번에는 원산에 사는 장사꾼이 말에다 미역과 명태를 싣고 서울로 팔러 왔을 때 삼 일만에 돌아가면 조금 이익이 남을 것이고 닷새 만에 돌아가면 본전이며 열흘을 머물면 크게 손해를 볼 것이다. 돌아가는 길에 말에 실은 물건의 이득이 크지 않고 말을 먹인 비용이 많아지기 때문이다.

그러므로 영동지방에서는 꿀이 나지만 소금이 없고, 관서지방에서는 철이 나지만 감이나 귤이 없으며, 함경도에서는 삼이 잘되지만 면포는 귀하다. 산골에는 팥이 넘치고 바닷가에서는 창난젓을 질리도록 먹는다. 영남지방 오래된 절들에서는 이름난 종이가 나오고 청산과 보은지방에서는 대추나무 숲이 풍요롭다. 강화와 한강 입구에는 감이 많이 난다. 백성들이 서로의 물건을 교환하면서 풍족하게 쓰려고 하지 않는 것은 아니지만 힘이 미치지 못할 뿐이다. 어떤 사람은 말이 있지 않느냐고 한다. 대체로 말 한 필과 수레 한대가 서로 맞먹을 수 있으며 오히려 이로운 점도 있다. 하지만 수레가 끄는 힘과 말이 짐을 지는 수고는 매우 다르기 때문에 말이 병들지 않는다. 하물며 말 5-6필을 수레에 매서 쓴다면 여러 배의 이익이 있을 것이다.

『북학의』「수레(車)」

우리나라는 이미 수레를 써서 얻을 수 있는 이익을 잃었고, 또 배를 쓰는 이로움도 다 하지 못하였다. 배에 새 들어오는 물을 막을 수가 있나, 비를 피할 수가 있나, 많은 짐을 실을 수가 있나, 사람이 고생스럽지 않기나 하나, 말이 위태롭지 않을 수가 있나, 이 가운데 한 가지라도 제대로 된 것이 없다.

배는 물에 빠지지 않게 하는 도구이다. 하지만 나무를 정밀하게 깍지 못해서 새어든 물이 늘 가득하여 배에 탄 사람의 정강이는 냇물을 건너는 듯 젖어있다. 배 안의 물을 퍼서 버리느라 날마다 한 사람이 수고를

해야 한다. 곡식을 그냥 실을 수 없어서 곡식 가마의 몇 배가 되는 볏짚으로 만든 가마를 바닥에 쌓는다. 그렇게 해도 아래 있는 곡식이 썩을까봐 걱정이다.

사람이 배 바닥에 앉을 때에는 싸리나무 가지로 엮은 방석을 쓰는데 울퉁불퉁해서 편하지가 않으니 하루 종일 배를 타고 놀면 꽁무니가 여러 날 동안 아프다. 또 가을에서 겨울로 넘어가는 때에는 가리개가 없어서 곧 바로 서리를 맞게 되니 고생이 말도 못할 지경이어서 배를 타는 즐거움이 전혀 없다. 더구나 가로로 질러놓은 갑판이 없기 때문에 사람과 물건이 배 안에 같이 있게 되니 짐을 가득 실을 수도 없고 높이 쌓을 수도 없다.

또 강에 배를 댈 때에는 가교가 없기 때문에 사람은 업어서 건너게 하고 말은 뛰어서 배에 들어가게 한다. 다리를 놓아야 할 높이를 갑판도 없는 깊은 배 속까지 펄쩍 뛰어 들어가게 하니 다리가 부러지지 않을 말이 몇이나 되겠는가? 따라서 배를 잘 타는 말과 잘 타지 못하는 말이라는 표현이 있는 까닭은 가교가 없기 때문이다.

『북학의』「배(船)」

도로만이 아니라 다리도 마찬가지였다. 조선의 다리는 돌이나 나무로 만든 것이 대부분이어서 그 밑으로 배가 다닐 수 없을 뿐 아니라 말이나 수레조차 편히 지나갈 수 없는 상황이었다. 심지어 물에 잠기는 것은 고사하고 1년도 못되어 다리가 무너지는 일이 다반사였다. 그래서 높은 양반들이 다리를 지나갈 때면 다리가 무너질까봐 일반백성들을 징발해서 물속에 들어가 다리 기둥을 붙잡고 있게도 했다. 이런 상황에 대해 박제가는 다음과 같이 비판하고 있습니다.

지금 서울에 있는 돌다리는 모두 평평해서 비가 많이 오면 항상 물에 잠긴다. 큰 마을에 있는 큰 길에는 한 해를 넘기는 다리가 없다. 나무로 다리를 만들고 솔잎을 덮은 다음 흙으로 다시 덮고 그 위를 걸어 다닌다. 그래서 말의 발이 자주 빠진다. 다리가 무너질까 두려워 백성들을 뽑아 물속에 들어가 다리 기둥을 잡고 서 있게 한다. 정말 다리가 무너지는 날이면 사람이나 말이나 모두 나자빠지게 된다.

『북학의』「다리(橋梁)」

(4) 농민을 위하여

박제가가 상업을 강조했다 해서 농업을 등한시 한 것은 아니다. 하지만 당시 벼슬아치들은 농업이 세상 모든 것의 근본이라는 단순한 주장만 일삼았을 뿐 구체적인 방법을 제시하지 못하였다. 그래서 농촌의 현실은 어렵기 짝이 없었다. 박제가는 그 같은 농촌 현실에 대해 다음과 같이 말하고 있습니다.

지금 우리나라는 경상도 같은 땅이 여덟이나 되는데도 관리들에게 주는 봉급이 쌀 한 섬을 넘지 못하며, 중국 사신이라도 다녀가면 경비가 모두 거덜 난다. […] 남들은 곡식을 세 줄로 심는데 우리는 두 줄로 심는다. 이것은 사방 천리되는 땅을 600리짜리 땅으로 만드는 것이다. 남들은 하루 농사 지어 5~60섬을 거두는데 우리는 20섬을 거두니 이는 사방 600리 되는 땅을 200리짜리 땅으로 만드는 것이다. 남들은 5푼의 씨앗을 뿌리는데 우리는 10푼의 씨앗을 뿌리니 이는 1년 쓸 씨앗을 잃는 것이다. 이와 같으면서도 배, 수레, 목축, 집, 기물 사용법을 없애버린 채 새로운 법을 강구하지 않는다.

『북학의』「재부론」

중국 사람들은 외진 마을 작은 집도 회를 발라 지은 여러 칸 창고가 있다. 가마니를 사용하지 않고 바로 그 가운데에 곡식을 쏟아 붓는데, 창고 전체를 채우기도 하고 절반 정도를 채우기도 한다. [⋯] 우리 백성들의 삶은 아침저녁 끼니조차 없어서 열 집이 모여 있는 마을이면 날마다 두 끼를 먹는 사람이 몇 안 된다. 어려울 때 쓸 것으로 옥수수 몇 자루나 고추 몇 십 다발을 그을음으로 검어진 집 벽에 매달아 놓았을 뿐이다.

중국 사람들은 대부분 비단 옷을 입고 담요를 덮고 자며 침상과 탁자가 있다. 밭가는 사람도 옷을 벗어 붙이지 않으며, 가죽신을 신고 정강이에 각반을 맨 채 밭에서 소를 끈다. 하지만 우리 시골 백성들은 한 해에 무명 옷 한 벌 얻어 입지 못하며, 남자나 여자나 죽을 때까지 이불 구경도 못하고 이불 대신 멍석 위에서 아들과 손자를 기른다. 열 살 전후는 여름이나 겨울이나 알몸으로 돌아다닐 뿐 세상에 신발이나 버선이 있다는 것조차 모른다.

(『북학의』「농잠총론」)

그래서 박제가는 구체적으로 중국의 농사법과 우리 농사법이 어떤 차이가 있는지를 비교하면서 우리 농사법이 어떻게 바뀌어야 할지를 고민하였고, 심지어는 거름으로 쓰이는 똥에 대해서까지 관심을 가졌다.

중국에서는 똥을 금처럼 아끼며 길에는 버려진 재가 없다. 말이 지나가면 삼태기를 들고 그 꽁무니를 따라가며 똥을 받는다. 길가에 사는 백성들은 날마다 광주리를 가지고 가래를 끌고 다니며 모래 속에서 말똥을 골라낸다. 똥 더미를 쌓을 때에는 대부분 네모반듯하게 하지만 세모가 되게도 쌓고 여섯 모가 되게도 쌓는다. 똥 더미 아래에는 도랑을 파서 똥물이 어지럽게 흘러가지 않게 한다. 거름을 쓸 때에는 물에 개서 진흙처럼 반죽을 하여 바가지로 퍼서 쓴다. 이것은 거름의 효력을 고르게 하기 위해서이다.

『북학의』「분(糞)」

박제가는 이러한 중국의 비료 관리와 달리 우리는 마른 똥을 거름으로 쓰기 때문에 효과가 떨어진다고 한다. 게다가 성 안에 널려 있는 똥을 제대로 거두지 않기 때문에 늘 악취가 가득할 뿐 아니라 냇가의 다리 기둥 밑에는 늘 똥 덩어리가 쌓여 있다는 것이다. 이처럼 똥이 거름으로 쓰이지 못할 뿐 아니라 아까운 재도 그냥 길에 버려진다. 그래서 재가 바람에 날려 다니기 때문에 먹고 마시는 술과 음식까지도 치저분해 진다는 것이다. 박제가는 수 만 섬의 재가 그대로 버려지는 것은 수 만 섬의 곡식이 버려지는 것과 같다고 하였다.

(5) 제비뽑기보다 못한 과거

박제가가 중요하게 생각한 또 하나는 과거제도이다. 하지만 당시 과거시험은 많은 문제를 안고 있었다. 여기에 대한 박제가의 생각을 보자.

과거란 무엇인가? 인재를 뽑기 위한 것이다. 인재를 뽑는 이유는 무엇인가? 장차 그들을 쓰기 위한 것이다. 문장을 보고 인재를 뽑는 것은 글 솜씨를 활용하기 위한 것이니, 활쏘기로 사람을 뽑는 까닭이 활솜씨를 활용하기 위한 것과 같다. 그렇다면 오늘날 과거의 목적은 무엇인가? 앞서 과거 시험 합격자도 다 벼슬을 주어 쓰지 못했는데 뒤에 치른 과거 시험 합격자들이 또 쏟아져 나온다. 3년마다 치르는 정기 시험 외에 성균관 유생만 보는 과거, 명절에 치르는 과거, 나라에 경사스러운 일이 생겼을 때 치르는 과거, 특별 시험, 도에서 치르는 과거처럼 여러 종류의 과거가 뒤섞여 있으니 수 십 년 사이에 대과와 소과 합격자들이 나라의 벼슬자리 수 보다 열 배나 된다. 열 배가 되는 인원을 결단코 다 기용할 수 없으니 90%는 헛되이 만들어진 것이 분명하다. 그렇다면 인재를 기용한다는 과거시험의 본래 의미는 어디에 있는가?

『북학의』「과거론 1」

이처럼 박제가는 당시의 과거시험이 이미 그 의미를 상실했다고 보았다. 박제가는 정유년 증광시에 제출한 과거시험 답안지를 『북학의』에 실어 놓고는 그 끝에 자신은 따로 과거시험 문장 형식을 배운 적이 없었지만 과거시험장에서 곁눈질로 다른 사람이 쓰는 형식을 본 다음 답안을 작성했다고 하였다. 당시 시험을 주관하던 관리가 박제가의 답안을 1등을 뽑았지만 다른 시험관이 격식이 틀렸으니 떨어뜨리자고 하는 바람에 3등으로 밀려나고 말았다. 박제가는 당시 과거시험이 일상생활에서는 쓰이지도 않는 문장 형식을 고집함으로써 과거에 붙고 나면 버려지는 문체를 꾸미는 기술에 지나지 않는다고 보았다. 또한 박제가는 시험을 치르는 방식에도 많은 문제가 있다고 생각하였다.

시골 마을 과거시험도 답안지를 내는 자가 천 여 명이 넘고, 서울의 대동과(大同科)는 유생들이 수만 명에 이른다. 수만 명이나 되는데도 반나절 안에 합격자 명단을 내 걸어야 하니 시험을 주관하는 자는 붓을 잡고 있기에도 지쳐서 눈을 감은 채 답안지를 내버린다. 비록 한유(韓愈)가 과거시험을 주관하고 소식(蘇軾)이 글을 짓는다고 해도 순식간에 답안지를 살필 것이니 소식의 글을 알아보기 어려울 것이다. 오호라! 떳떳하게 선비를 선발하는 자리가 도리어 제비뽑기의 재수만도 못한 형편이니 인재를 취하는 방법이 믿을 수가 없도다.

사정이 이러한데도 또 문벌과 당파의 득실을 따지니 요행히 이런 어려움을 면하고 기용되는 자는 정말 운이 좋은 것이다. 이처럼 인재를 쓰는 방법이 형식에 있을 뿐 능력에 있지 않다.

(『북학의』「과거론 1」)

(6) 이용후생이 국방이다

임진년과 병자년의 경험을 바탕으로 당시 조선은 훈련도감의 예산을 늘리고 군사 조직을 확대 개편하였다. 또한 산성을 더 짓고 무과 합격자를 늘렸으며 말이 끄는 전쟁용 마차를 만들었다. 하지만 박제가는 국방이 무기를 만들고 군인을 늘리는 데 있다고 보지 않았다. 백성들의 삶을 넉넉하게 만들고 재능 있는 선비를 구하는 일이 곧 국방이라는 것이다.

수레는 무기가 아니지만 수레를 쓰면 자연히 물자 운반이 이루어진다. 벽돌은 무기가 아니지만 벽돌을 쓰면 모든 백성을 위한 성곽이 갖추어 진다. 온갖 장인들의 기술과 가축 돌보는 일이 무기가 아니지만 군대가 쓸 말과 싸울 때 쓸 도구가 갖추어지지 못하거나 또는 날카롭지 않다면 나라를 지키기에 부족하다. 그러므로 망루에서 창과 방패를 쥐고 지키는 일이나 앉았다 일어섰다 하면서 때리고 찌르는 일을 익히는 것은 국방의 말단이며, 온 세상에서 재능 있는 선비들을 구하고 편리하게 쓸 수 있는 도구들을 갖추는 일이 국방의 근본이다.

(『북학의』「병론(兵論)」)

성곽은 적을 막는 시설인가 아니면 적이 왔을 때 버리고 도망가는 시설인가? 후자라면 모르겠으나 그렇지 않다면 우리나라에는 성곽이 하나도 없는 셈이다. 왜 그러한가? 벽돌을 쓰기 않기 때문이다. 어떤 사람은 벽돌의 견고함이 바위의 견고함에 미치지 못한다고 한다. 그렇지만 나는 이렇게 생각한다. 바위 한 개의 견고함은 벽돌 한 장보다 낫다. 그러나 돌을 쌓았을 때의 견고함은 벽돌을 쌓았을 때의 견고함에 미칠 수 없다. 바위는 잘 붙지 않지만 만 개의 벽돌도 회를 발라서 하나로 만들 수 있기 때문이다.

(『북학의』「성(城)」)

박제가는 벽돌과 바위의 차이에 대해 많은 생각을 했고, 우리나라 성들의 둘레가 너무 긴 점도 지적하였다. 보통 성의 둘레가 10리가 넘고 어떤 성은 40리가 넘기 때문에 성 안에 있는 여자들까지 다 동원하여 성벽에 둘러 세워도 성곽의 반을 못 메운다는 것이다. 하지만 이러한 성도 근본은 이용후생이었다.

5. 『북학의』는 오늘 우리에게 어떤 의미인가?

책은 쓴 사람과 읽는 사람의 대화이다. 그렇다면 박제가는 『북학의』를 통해 어떤 이야기를 하고 싶었으며 오늘 우리는 그 책에서 무엇을 읽어낼 것인가? 『북학의』는 당시 대다수의 지식인들이 받아들이기 어려울 정도의 급진적인 생각을 담고 있었다. 심지어는 박지원이나 이덕무조차 그의 주장을 이해 못한 경우도 있었다. 그런 까닭에 정조에게 보였어도 실현되기 어려웠던 것이다.

　박제가는 모든 것을 이용후생의 관점으로 보았다. 그래서 오행(五行)의 경우도 수(水)는 물의 힘을 이용한 이로움이고, 화(火)는 불의 힘을 이용한 이로움이었으며, 목(木)은 목공 기술의 이로움이고, 금(金)은 용광로의 이로움이며, 토(土)는 곡식을 기르는 흙의 이로움이었다. 또한 명당이나 찾는 풍수도참설은 거짓이며, 성리학자들이 도덕 근원으로 받드는 하늘은 곡식을 풍성하게 만드는 자연일 뿐이었다. 그래서 백성들을 잘 살게 하려면 하늘에 기도하기보다 농사에 힘써야 한다고 하였다.

　그러면서도 박제가는 특히 상업에 대해 다른 생각을 가졌다. 근대 이전 국가 대부분이 그렇듯이 조선도 농사가 근본이었다. 농사는 땅을 중심으로 한 곳에 머물며 쉽게 이동하지 않는 것이 특징이며 이런 특징은 사회 안정과 연결된 문제였다. 조선은 전통적으로 상공업을 업신여겼고, 상공업에 종사한 사람은 본인 뿐 아니라 그 자손까지도 과거 시험 응시자격을 주지 않았다. 하지만 박제가는 이런 사회적 흐름에 맞서 상업을 강조한 것이다. 상업은 사람과 물건 모두 옮겨 다니며 따라서 마침내 왕조 지배체제를 흔드는 결과를 낳는다. 더구나 박제가는 서얼이었으며 사회의 변화는 곧 신분 제도의 변화와 맞물려 있는 것이었다. 그런 점에서 박제가의 상업론은 매우 진보적이었다.

　그렇다고 『북학의』에 문제가 없는 것은 아니다. 그의 주장은 무분별한 선진문물 추구로 나아 갈 가능성도 보인다. 저들의 좋은 것을 강조하다 보니 우리가 가진 대부분이 저들보다 못하다는 자괴감이 들기도 했을 것이다. 그런 조급함 때문에 우리말을 버리고 중국어를 배우자는 주장까지 했던 것이다. 이런 점은 오늘 우리가 강조하는 세계화가 어때야 하는지를 고민하게 하는 것이기도 하다.

곽희, 『임천고치(林泉高致)』
— 천지 정신의 풍경에서 노닐다

이성희

이성희는
부산대학교에서 철학박사 학위를 받았다. ≪문예중앙≫을 통해 시인으로 등단했으며, 신생인문학연구소 소장이자 KBS고전아카데미 기획위원이다. 『미학으로 동아시아를 읽다』, 『동양 명화 감상』, 『미술관에서 릴케를 만나다』, 『장자의 심미적 실재관』, 『무의 미학』 등의 저서가 있으며 『겨울 산야에서 올리는 기도』, 『안개 속의 일박』, 『허공 속의 등꽃』 등의 시집을 발표했다.
yneaa@hanmail.net

1. 곽희와 『임천고치』

오늘날 우리들에게 곽희(郭熙)는 낯설다. 이 낯설음만큼이나 우리는 동아시아 고전 문화로부터, 우리 자신의 원천으로부터 낯설어져 있는 것이다. 조선시대 곽희는 오늘날 피카소만큼이나 익숙한 문화 아이콘이었다. 그는 동아시아 회화사에 위대힌 족적을 남긴 화가이면서 또한 탁월한 화론가였다. 잊혀져버린 이 이름을 다시 소환하는 것은 단순

곽희 〈조춘도〉

한 골동 취미가 아니다. 우리는 곽희의 소환을 통해 동아시아 전통과 현대의 의미 있는 만남을 추진하고자 한다. 이러한 만남을 통해 파산 지경에 이른 현대 미학에 대한 새로운 돌파구를 모색하고자 하는 것이다.

곽희가 살았던 시기는 불확실하긴 하나 대체로 북송의 인종, 신종, 철종 무렵인 1000년에서 1090년쯤으로 추정된다. 곽희는 당나라 말 형호로부터 시작되어 오대(五代)와 북송 초의 이성, 범관으로 이어지는 화북지방의 산수화를 집대성하여 북송 대관산수(大觀山水) 양식을 완성시킨 화가이다. 당시 최고의 시인이었던 황산곡이 "능히 산천의 원대한 기세를 그릴 수 있는 노인은 오직 곽희뿐이다."라고 단언할 정도였다. 그의 걸작인 〈조춘도(早春圖)〉를 보라. 알 수 없는 힘들과 그 힘에 의해 춤추고 있는 기이한 바위와 나무들의 무도회에 초대받은 것 같지 않은가. 〈조춘도〉는 그 미묘한 불안정성이 빚어내는 역동성 때문에 보는 이로 하여금 그 힘의 율동에 감전될 것 같은 전율을 느끼게 한다. 곽희의 화론을 만나는 일은 동아시아 심미 정신의 핵심으로 들어가는 길이며, 〈조춘도〉를 보는 것은 동아시아 회화의 진수를 체험하는 길이다.

곽희가 활약하던 시기는 송나라 문화의 극성기이다. 시, 사(詞), 부(賦) 등의 문학과 서예, 그림, 도자기 등의 미술이 중국 역사상 가장 풍요롭게 발전해갔던 시기이다. 범관, 허도령, 미불, 곽희 등 산수화의 대가와 구양수, 매요신, 소동파, 소철, 황산곡 등의 위대한 문장가 시인들이 시공을 공유하고 서로 교류하면서, 문화가 가장 화려하고도 난만하게 개화했던 시기이다. 그 난만한 문화의 꽃 가운데 하나가 바로 곽희의 화론집인 『임천고치』이다.

『임천고치』는 곽희가 생전에 남겼던 글과 말을 그의 아들 곽사가 부친 사후에 편집하여 간행한 화론집이다. 『임천고치』는 위진시대의 종병과 왕미의 화론, 형호의 『필법기』, 북송 시대의 문인화론, 그리고 곽희 자신의 창작 체험이 결합되고 종합된 산수화론의 결정판이라고 할 수 있다. 이후 다양한 화론들이 전개되지만 큰 틀에서 곽희가 정립한 체계를 넘어섰다고 말할 수 있는 것은 드물다.

자연을 그림의 주제로 삼는 풍경화는 서양에서는 르네상스 이후에야 등장하지만, 동아시아의 산수화는 위진남북조시대(220~589)에 이미 나타나기 시작한다. 위진시대는 가장 중국적인 예술의 틀이 형성된 시점이다. 여러 갈래의 다양한 사상의 물굽이가 모여 이 위진의 소용돌이 속에서 심미적이고 예술적인 인생관과 자연관으로 융합된다. 그리하여 중국의 서정 문학, 산수화, 본격적인 시론, 화론 등이 형성되는 시기가 바로 위진시대다. 이 위진시대를 관통하는 시대정신이 노장(老莊) 사상이며, 그리고 그것을 이어받은 현학(玄學)이다. 죽림칠현으로 대표되는 현학자들은 어지러운 세상을 초탈한 은일(隱逸)과 우주론적이고 예술적인 청담(淸談)을 즐겼는데 그러한 은일과 청담의 무대이며 그들이 갈구하는 자유로운 정신의 처소가 바로 산수였다. 그들에게 있어서 자연과의 심미적 감응 속에서 산수를 시나 회화로 표현하는 일, 또는 이러한 작품을 감상하는 일은 바로 두의 세계를 소요하는 일이었다. 이러한 정신적 배경 속에서 산수시와 산수화가 하나의 중요한 장르로써 등장하게 되는 것이다.

곽희 역시 도가의 학문을 배워 도가적 풍도를 가졌었다. 『임천고치』 서문에서 곽사는 "선친께서는 젊을 적에 도가의 학문을 따라 양생법을 익히면서 본래 방외에서 노닐었고"[1]라고 말하고 있다. 곽희 역시 산수자연에서의 삶을 동경하였음을 알 수 있다. 그러나 곽희는 〈산수훈(山水訓)〉의 서두에서, 세속 정부의 관리로써 임금과 어버이와의 관계에 매여 있으므로 산수 속으로의 은거가 불가능함을 알고 산수화를 통해서 그 은일과 소요의 꿈을 실현시키고자 함을 밝히고 있다.[2] 그에게 있어서 산수화는 저자거리 속에서 초월적인 자연의 도를 만날 수 있게 해주는 통로인 셈이었다.

그렇다면 곽희를 통한 산수화와 산수화 정신과의 만남은 오늘날에 무슨 의미가 있을 것인가? 약 200년간 세계를 주도해 온 서구 근대 문명이 막다른 골목에 도달했다는 경고는 이제 매우 익숙한 말이다. 그렇다면 새로운 문명의 길은 어딘가? 여전히 새로운 문명의 길은 낯선 안개 속에 있지만 세계의 많은 석학들이 동아시아로 그 탈출구를 찾고 있다. 문명사적인 '동양으로의 전회'의 흐름 가운데서 우리 자신은 오히려 스스로에 대해 너무 무지한 것은 아닌가? 우리가 너무나 쉽사리 폐기 처분해 버린 동아시아 고전의 정신과 미학 속에서 서구 근대를 넘어서는 길의 가능성을 찾아보아야 할 시대적 의무가 우리에게 있다. 산수화는 동아시아 고전 정신과 미학의 정수이다. 여기에 우리가 산수화를 다시 만나야 될 시대적 당위성이 있다.

---

1 곽희, 신영주 역, 『곽희의 임천고치』, 문자향, 2003, 8쪽. '방외(方外)'란 세속을 벗어난 곳을 말한다.
2 『곽희의 임천고치』, 10쪽.

2. 산수화의 시선

시선이란 인간이 세계와 만나는 근본적인 방식을 보여준다. 따라서 일정하게 나타난 시선의 형태 속에는 그 시대의 세계관이 담겨 있다. 곽희의 『임천고치』는 산수화의 시선을 삼원법(三遠法)으로 명쾌하게 정립하고 있다. 그리고 그 산수화의 시선 속에 동아시아 고전의 세계관과 미학의 원리가 오롯하게 담겨 있다.

산에는 삼원이 있다. 산 아래에서 산꼭대기를 우러러봄을 고원(高遠)이라 하며, 산의 앞에서 산의 뒤를 엿봄을 심원(深遠)이라하며, 가까운 산에서 먼 산에 이름을 평원(平遠)이라 한다. 고원의 색은 맑고 밝으며, 심원의 색은 무겁고 어두우며, 평원의 색은 밝은 곳도 있고 어두운 곳도 있다. 고원의 형세는 우뚝 솟음에 있고, 심원의 의취는 겹겹이 쌓임에 있고, 평원의 의취는 화창하게 트이어 아득하게 뻗어나감에 있다.[3]

임천고치에 정립된 삼원법은 서양의 원근법(perspective)에 비견되는, 동아시아 산수화를 위한 투시학의 총결이다. 투시의 초점에 핵심이 있는 원근법과는 달리 삼원법의 핵심은 멀리 바라보는 '원(遠)'에 있다. 곽희는 또한 말한다.

대상(大象)을 그림에 드러내고 다듬어 꾸민 흔적을 남기지 않는다면

---

[3] 『곽희의 임천고치』, 38-39쪽.

운기(雲氣)의 모습이 살아나게 된다. […] 대의(大意)를 드러내고 다듬어 꾸민 흔적을 남기지 않는다면 안개와 이내의 경치가 잘 드러날 것이다. 실제 산수의 바람과 비는 멀리서 바라보아야 살필 수 있고 가까이에 있는 사람은 익숙하게 구경하더라도 한 줄기 시내와 숲길의 시작하고 끝나는 형세를 궁구할 수 없다. 실제 산수의 흐름과 맑음도 멀리서 바라보아야 전체를 살필 수 있고 가까이 있는 사람은 거리끼고 좁아서 산 전체의 밝고 어둡고 감추어지고 드러난 자취를 살필 수가 없다.[4]

멀리 바라보는 것은 개체적 사물의 구체적인 형상을 넘어서 풍경 전체의 형세인 '큰 이미지[大象]'를 보기 위한 시선이다. 나아가서 자연의 리듬과 우주의 무한을 포착하고자 하는 시선이다. '가까이 봄'(近)으로서는 대상(大象)을 포착할 수 없다. 노자가 "대상(大象)을 잡으면 천하는 움직인다"(『도덕경』 35장), "대상(大象)은 형체가 없다"(『도덕경』 41장)라고 할 때 '대상'은 다름 아닌 도이다. '원'이란 단순한 시선이 아니라 산수의 형체를 통해 보이지 않는 도를 포착하려는 시선인 것이다. 그래서 서복관은 삼원법의 '원'이 바로 노장사상과 현학이 추구하는 정신경계인 '현(玄)'과 '무(無)'의 다른 이름이라고 보았다.[5] 그러한 정신경계에서 도가 드러난다.

'현'은 아득히 멀고 높은 하늘의 가물가물한 빛을 형용한 말이다. 『장자』를 펼치면 느닷없이 우리를 당황케 하는 유명한 대붕(大鵬)의 우화가 나온다. 크기가 수천리가 되는 대붕이 구만리장천으로 날아올라

---

4 『곽희의 임천고치』, 22쪽.

5 서복관, 권덕주 외 역, 『중국예술정신』, 동문선, 1993, 389쪽.

남쪽의 천지(天池)로 날아간다. 그 가는 길에 대붕은 아득한 하늘 끝에서 세계를 내려다보는 장면이 나온다. 이때 대붕의 시선을 장자는 '원'이라고 하였다. 그 '원'이 곧 '현'이다. 구만리장천으로 날아오르는 대붕은 일체의 욕망과 구속으로부터 벗어난 대사유의 정신경계의 소요이며, '원'이란 이러한 경계에서 세계를 관조하는 시선이다.

메를로-퐁티는 공간의 분석에서, 사물이 갖는 크기의 개념인 넓이나 높이는 측정 가능한 것이지만 깊이와 아득함은 사물 자체의 크기가 아니라 사물에로 향하는 우리 몸의 지각과 관련이 있다고 하였다. 넓이와 높이는 나의 몸이 거기에 함께 끌려 들어가지 않고 제3자의 입장에서 '더 넓다' '더 높다'고 비교하고 측정할 수 있다. 그러나 깊이와 아득함은 객관적 측량이 불가능하다. 아득히 멀어져 가는 대상은 어떤 바탕에로 미끄러져 가는 형태의 운동과 같다. 측량할 수 없다는 것은 내가 그 대상을 지배할 수 없다는 것이다.[6] 경치나 전망이 아득함을 주는 깊이를 드러낼 때 세계는 내가 시각적으로 지배하고 소유할 수 없는 존재의 차원으로 변형된다. 즉 시각 속에 들어온 사물들과 그 지평이 나의 소유 가능의 영역에서부터 존재의 계시영역으로 전환하는 것이다.[7] '원'은 이러한 아득함의 깊이를 보는 시선이다. 그리하여 산수는 우리가 지배할 수 없는 존재의 깊은 차원을 계시한다.

반면 서양의 근대 문명은 '근(近)'의 시선을 바탕으로 한다. 서양 근대 문명과 그 출발을 같이하는 유화는 이러한 '근'의 시선에 포착되는

6　김형효, 『메를로-퐁띠와 애매성의 철학』, 철학과현실사, 1999, 166쪽 참조.
7　김형효, 앞의 책, 202쪽 참조.

이미지를 표현하는데 적절한 수단이다. 존 버거의 다음과 같은 말은 유화라는 매체가 가지는 시선의 근본 특성을 잘 말해 준다. "유화 특유의 표면적인 중후한 질감은 그림을 보는 사람에게 그림의 전경에 있는 어떠한 대상도 손을 뻗치면 닿을 정도의 가까운 거리에 있는 착각을 일으키게 한다."[8] '근'의 시선은 대상을 가까이에서 분석하고 뜯어보는 것이다. 그리하여 대상을 지배하고 소유하려는 근대 과학적 눈의 시선이다. 그러나 '원'의 시선은 대상(對象)을 쪼개고 측량하여 지배하려는 시선이 아니라 대상을 우주적 시각에서 전체적으로 보고 그것과 합일하려는 심미적인 시선이다.

조토 〈수태고지〉

마사치오 〈성삼위일체〉

---

8 존 버거, 편집부 역, 『이미지-시각과 미디어』, 동문선, 1990, 157쪽.

대상을 지배하고 소유하려는 서양 근대 문명이 회화에서 발명한 것이 투시원근법이다. 투시원근법은 측량을 통해 대상을 지배하고자 하는 서양 근대의 양적인 세계관을 뚜렷이 보여준다. 중세인에게 있어서 공간은 등질적인 것이 아니었다. 중세인에게 있어서 세속의 공간과 신성의 공간은 질적으로 다른 공간이었다. 중세 벽화에 그려지는 공간은 사실적인 시선의 지배를 벗어난, 신성의 원리가 지배하는 공간이었다. 그러나 14세기 조토에 오면 서서히 사실적인 투시원근법의 원리가 화면을 나타나기 시작하다가 15세기 마사치오의 〈성삼위일체〉에서는 투시원근법의 시선이 신성의 공간을 완전히 점령한다. 모든 공간이 질적인 특성을 상실하고 양의 비례로 배열되는 것이다. 〈성삼위일체〉의 소실점은 정확히 십자가의 제일 아래에 놓이는데 그것이 바로 화가의 눈이 놓인 자리이며 동시에 실제 관람자의 눈이 놓이는 자리이다. 그 소실점을 중심으로 공간은 세속적이고 사실적인 넓이와 크기로 배열된다.

    소실점을 중심으로 등질의 공간 속에 사물들이 질서정연한 넓이와 높이로 배열될 때, 즉 대상이 양적으로 배열될 때 그것은 측량이 가능해지고, 측량이 가능할 때 지배가 가능해 진다. 투시원근법의 공간은 대상을 지배하고 소유하고자 하는 서양의 근대적 욕망이 만들어낸 공간이다. 소실점에 놓이어 공간을 지배하는 눈은 그 욕망의 주체가 되는 자아의 눈이다. 데카르트가 말하는 '생각하는 나'(코기토)의 눈이다. 생각하는 주체로서의 자아는 세계를 보고, 세계를 대상으로 구성하고, 소유한다. 서양 근대는 끊임없이 자아와 타자를 대립시키면서 타자인 대상을 자아가 통제하고 지배하는 자아중심주의를 확립해 나갔다. 이 자아 중심주의가 세계에 대해서는 유럽중심주의가 되고, 자연에 대해서는 인간중심주의가 된다. 이러한 확산은 투시원근법의 공간 위에서 이루어진다. 그리하여 서양 문명이 위기에 처했을 때 투시원근법의 공간이 비틀리고 변형되는 것은 어쩌면 당연한 일이다. 제1차 세계 대전이 일어나기 직전, 문명적 위기감이 고조된 시기에 키리코가 그린 〈거리의 우수와 신비〉를 보면, 투시원근법의 공간이 기묘하게 비틀려지고 왜곡되어져 있는 것을 볼 수 있다.

서양 근대가 자아와 비자아의 대립을 강조했던 반면, 동아시아 고전의 정신은 언제나 자아와 비자아의 융합을 추구했다. '무아'(無我), '망아'(忘我), '물아일체'(物我一體) 등은 그 궁극적 경계의 표현들이며, 동아시아 고전 미학이 언제나 추구했던 지향점이었다.

키리코 〈거리의 우수와 신비〉

곽희의 삼원법이 투시원근법과 결정적으로 차이나는 점은 삼원법이 서로 분리되어 있는 3개의 시선이 아니라 산수와 만나는 일련의 과정 속에 하나의 리듬으로 결합된다는 것이다. 이러할 때 삼원법은 이동하는 시점인 '산점투시'(散點透視)가 된다.

산은 가까이서 보면 이러하고 멀리 몇 리를 벗어나서 보면 또 이러하고 수십 리를 벗어나서 보면 또 이러하여 매번 멀어질수록 매번 다르게 변하니, 이른바 '산의 모습이 걸음마다 옮겨간다(山形步步移)'는 것이다. 산은 정면에서 보면 이러하고 측면에서 보면 또 이러하고 뒷면에서 보면 또 이러하여 매번 볼 때마다 매번 달라지니, 이른바 '산의 형상은 면마다 본다(山形面面看)'는 것이다. 이와 같이 하나의 산에 수십, 수백 개의 산의 형상이 갖추어져 있으니 다 알지 않을 수 있겠는가?[9]

산점투시는 걸음걸음마다 보고 면면마다 보는 다시점(多視點)의 투시이다. 산수화는 이러한 다시점을 하나의 화면 안에 표현하는데 그것은 다름 아닌 산을 소요하는 자의 체험적 시선이다. 설리반은 이를 '이동하는 시점'이라고 명명하고 서양 미술에서는 현대에 이르도록 이루어 본 적이 없는, 공간적인 요소에 시간적인 요소를 결합한 4차원적인 종합이라고 평가한다.[10] 이러한 이동하는 시점을 위해서는 주체, 즉 시점이 고정된 것이 아니라 흐름이어야 한다. 시점이 변하면 풍경도 변한다. 그리하여 여기에는 풍경도 이를 보는 주체도 모두 끊임없이 변화하면서 흐르고 있는 기(氣)라는 사실이 전제된다.

---

9 「곽희의 임천고치」, 23쪽.
10 마이클 설리반, 김경자 · 김기주 역, 『중국미술사』, 지식산업사, 1999, 155쪽.

세계를 보는 근본적인 관점으로써 기론(氣論)을 체계화시킨 사람은 장자(莊子)이다. 장자에 의하면 세계의 모든 존재와 생명 현상은 모두 기의 취산(聚散)이며, 천지는 하나의 기로 통한다.[11] 흘러가는 다시점은 일기(一氣)라는 총체성 속에 산수라는 대상과 화가라는 주체가 교차하고 합일되면서 이루어지는 역동성의 표현이다. 곽희는 〈조춘도〉에서 자신의 투시 이론을 회화의 이미지로 실현했다. 그림을 유심히 한 번 보자. 우리는 좌측의 산길을 걷는 나그네를 따라, 혹은 화면 하단에서 배에서 내린 사람들을 따라 우측 중간의 사원에 이르는 여정의 이동하는 시점 위에서 이 그림을 감상해야 한다. 우선 산의 입구를 걸어가는 사람들은 언덕 사이로 빛의 대기에 싸인 채 구름처럼 나타나는 웅장한 주산의 봉우리를 올려다보게 될 것이다(고원법). 왼쪽 계곡의 다리를 건널 때쯤이면 그들의 시선은 왼쪽의 넓은 계곡을 따라 펼쳐지는 평원으로 향할 법하다(평원법). 그리고 사원에 도착했을 때 위로 주산 너머로 중첩되는 산을 넘겨보거나, 폭포가 있는 계곡 아래를 내려다보게 되리라(심원법). 산을 소요하는 자가 산의 면면들과 만나는 체험(시간)이 하나의 화면(공간) 속에 고스란히 담겨 있다. 〈조춘도〉의 공간이 일견 기이하고 불안정하게 보인 것은 이러한 역동성 속에 요동하고 있기 때문이다.

서양화에서 다시점이 등장하는 것은 피카소의 입체주의 그림에서부터이다. 그러나 입체주의 다시점은 대상을 분리시켜 다각도로 분석

---

11 "人之生, 氣之聚也, 聚則爲生, 散則爲死.", 『通天下一氣耳.』 『莊子』 「知北遊」

피카소 〈칸 바일러의 초상〉

하는 근대적 시선의 절정이다. 여기에서 대상은 부분들로 쪼개지고(분석되고) 해체되는 반면 주체로서의 사아는 전지적 시점으로 강화된다. 그러나 산수화의 산점 투시는 주체가 대상에 대해 지배적인 위치를 고집하는 것이 아니라 산수의 리듬 속으로 융해된다. 산수의 우주적 리듬을 총체적으로 체험하는 것이다.

곽희와 동시대를 살았던 소동파는 어느 날 산 속을 소요하다 산을 잃었다. 동파는 관리로 전근 가는 도중 여산(廬山)을 지나게 된다. 여산의 장려한 풍경 속으로 그는 스며들고 말았다. 그리고 시 한 수만 남았다. 〈제서림벽(題西林壁)〉이다.

橫看成嶺側成峰	가로로 보면 고개요 세로로 보면 봉우리라
遠近高低各不同	멀고 가깝고 높고 낮고 제각각 다르구나
不識廬山眞面目	여산의 참된 모습을 알지 못함은
只緣身在此山中	다만 내 몸이 이 산 속에 있기 때문일세.

위치와 시점에 따라서 산은 변한다. 고개가 되었다가 봉우리가 된다. 산은 살아서 꿈틀거린다. 살아 생동하는 산의 풍경 속에 빠진 소동파는 결국 산의 진면목을 알게 되었을까? 시의 표현대로만 본다면 그

는 진면목을 보지 못한 셈이다. 그러나 그가 진면목을 알 수 없다고 말할 때 사실 그는 이미 스스로 여산의 진면목이 되어 있다. 산의 진면목은 지리학자처럼 그것을 분석하여 인식하는 것이 아니라 그것과 온몸의 느낌으로 하나가 될 때 나타난다. 체험을 통하여 자연의 리듬과 합일하는 것이다. 산 속에서 산과 하나가 되는 것, 풍경 속에서 풍경이 되는 것, 이것이 여산의 진면목이다. 한 시인은 이것을 "사람이 풍경으로 피어날 때"(정현종)라고 하였고, 장자는 이것을 '물화(物化)'라고 하였다. 〈조춘도〉에 나타난 산의 체험도 그러하다. 화가의 소요는 산의 파동, 그 속을 흐르고 있는 우주적 생명의 힘찬 리듬과 하나가 되어 함께 춤이 되고자 한다. 이미 화가의 붓은 봄을 만드는 자연 기운의 춤이다.

조선의 안견이 그린 〈몽유도원도〉 역시 삼원법과 산점투시가 절묘하게 결합된 걸작이라고 할 것이다. 〈몽유도원도〉라는 꿈길은 그 길을

안견 〈몽유도원도〉

걷는 화가의 위치와 심리 상태에 따라서 시점이 이동한다. 현실세계는 멀리 넓은 곳을 바라보는 평온한 평원법이다. 도원의 입구에서는 높은 곳을 올려다보는 고원법으로 이상세계 앞에 직면한 인간의 숭고한 느낌을 표현하였다. 그리고 두 세계를 나누는 계곡에서는 산에서 깊은 곳을 내려다보는 심원법으로 단절의 심연을 표현한다. 마지막으로 도원에 이르면 갑자기 시점은 하늘로 솟는다. 조감도의 시점이다. 중력을 이기고 구름처럼 피어올라야만 구름 속의 도원을 만날 수 있다는 뜻일까. 걸음걸음 이동하면서 보는 이러한 산점투시는 산을 소요하는 자의 체험적인 시선이다. 산점투시는 대상을 부분으로 쪼개고 분석하는 것이 아니라 종합적이고 총체적으로 체험하는 것이다.

3. 정신의 풍경

곽희는 『임천고치』에서 산수화를 그리기 위해 산수의 신령스러움과 신묘함을 체험하고 그 이미지가 가슴 속에 가득 차야함을 말하고 있다.

> 만일 그 (산수의) 조화를 빼앗아 얻어내고자 한다면 좋아함보다 신묘한 것이 없고 부지런함보다 정밀한 것이 없으며, 실컷 노닐고 한껏 구경하여 흉중에 그 모습이 뚜렷이 벌여져 있게 하여 눈앞에 비단이 펼쳐져 있거나 손에 필묵을 들 생각을 하기도 전에 이미 웅장하고 아득한 자

연의 모습이 나의 그림 아닌 것이 없도록 하는 것보다 큰 것이 없다.[12]

곽희에 따르면 산수화는 대상의 단순한 재현이 아니다. 일단 화가는 다양한 산수에 대한 풍부한 미적 관조와 체험들을 흉중에 쌓고 쌓아야 한다. 그리하여 그의 흉중에서 다양한 산수의 형상들이 하나의 통합된 이미지로 익어간다. 화가의 흉중에서 익어가는 산수의 이미지를 흔히 '흉중구학(胸中丘壑)'이라고 한다. 오도자(吳道子)의 일화가 이것을 잘 보여준다. 당나라 때 화성(畵聖)으로 불린 오도자는 현종으로부터 가릉의 풍경을 그려오라는 명을 받았다. 그는 가릉 삼백리를 실컷 구경하고는 빈손으로 돌아와서는 도무지 그림에 착수하려 하지 않았다. 현종이 그림이 어디 있냐고 묻자 그는 "내 흉중 다 들어있습니다"라고 대답하였다. 그리고는 어느 날, 단 하루 만에 대동전 벽에 가릉 삼백리의 산수를 그렸다고 한다. 오도자는 그의 흉중에서 이미지가 충분히 숙성될 때를 기다린 것이다. 가슴속에서 형상들을 하나의 통합된 이미지로 익어가게 하는 것이 바로 '정신'이다. 이 정신의 숙성 과정 속에서 가까이(近) 체험된 산수가 '원'의 시선을 얻게 된다. 그리하여 흉중구학을 표현하는 산수화는 '사실의 풍경'이 아니라 '정신의 풍경'이 된다. 그것을 '사의(寫意)'라고 한다. 무릇 "정신의 뜻이 붓보다 앞서야 한다.(意在筆先)"(형호;「산수부」) 그러나 '사의'라고 해서 대상과 유리된 공상의 산물이 되어서는 안 된다. 그래서 곽희는 정신의 수양한 바가 드넓어야 함을 강조하지만 동시에 대상에 대한 지속적인 관찰

---

[12] 『곽희의 임천고치』, 28-29쪽.

과 많은 경험을 요구하는 것이다.

칸딘스키 〈바바리아의 가을〉

칸딘스키 〈콤포지션 7〉

르네상스 이후 서양화는 기본적으로 재현에 충실한 사실화였다. 회화는 대상과 거리를 두고 객관적으로 대상을 관찰하고 분석하는 자연과학의 시각을 공유하였다. 서양에서 근대 자연과학과 회화는 주체와 객체를 철저히 분리하고 대립시키는 동일한 시각 위에 있는 것이다. 그리하여 칸딘스키가 정신의 풍경을 그리려고 했을 때 그는 결국 대상의 사실적인 형상을 포기하고 추상화의 길로 갈 수밖에 없었다.[13] 반면 동아시아에서는 대상을 닮게 그리는 것[形似]을 중요하게 여기지 않는다. 소동파는 형사(形似)로 그림을 논하는 것은 어린애와 같은 소견이라고 하였다. 그러나 대상의 형상을 떠나지도 않는다. 마치 장자가 "도는 하나의 구체적인 사물에 한정할 수도 없지만 사물을 떠나있지도 않

---

[13] 칸딘스키는 그의 책 『예술에 있어서 정신적인 것에 대하여』(권영필 역, 열화당, 2000, 53쪽)에서 이렇게 말하고 있다. "자연현상을 예술적으로 모방하는 것을 목표로 삼지 않는 예술가, 그리고 그의 내면적 세계를 표현하고자 원하며, 또 표현해야만 하는 창조자는 이와 같은 목표들이 오늘날의 비물질적인 예술—음악—에서 얼마나 자연스럽고 용이하게 달성되는가를 선망적으로 보고 있는 것이다." 여기서 "내면적 세계"는 '정신적인 것'이다.

다."¹⁴ 라고 말한 것처럼. 그리하여 곽희가 제시한 풍경은 대상의 형상을 포기하지 않은, 대상의 형상으로 피어나는 정신의 풍경이다. 이러한 것이 어떻게 가능한가?

방동미(方東美)는 동아시아 고전의 정신 속에는 인간의 생명과 우주적 생명이 서로 관통되어 있는 까닭에, 자연과 인간 본성 사이에는 아무런 간격이 없다고 하였다.¹⁵ 이러한 주장의 바탕에 '기론(氣論)'이 있다. 기는 단순한 질료나 물리적 에너지가 아니다. 그것은 일종의 생명에너지이다. 기로 이루어진 천지자연은 모두 생명 현상이며 기의 율동이다. 탁월한 산수화 화가가 대상을 볼 때 그는 그 대상과 분리된 상태에서 객관적인 분석을 하지 않는다. 그는 산수와 그 자신을 관통하는 '우주적 생명'[氣]의 율동을 감지한다. 천지자연을 관통하는 그 기의 리듬과 교감하여 그것과 하나 되고자 한다.¹⁶ 곽희가 산수화를 그리려 할 때 산수(임천)의 마음으로 임해야 한다고 한 것¹⁷은 이를 말함이다. 곽희가 그린 〈조춘도〉는 단순히 봄의 사실적 풍경이 아니라 이러한 우주의 기를 포착한 그림이다. 봄이 되려는 우주적 기운과 그것과 감응하는 화가의 정신을 산수의 형상 속에 표현한 것이다. 화가의 붓은 구체적 형상의 산을 그리지만 그것은 산의 기운이면서 동시에 화가의 정신이 된다. 아니 산의 정신이면서 동시에 화가의 기운이다.

---

14 "汝唯莫必, 无乎逃物, 至道若是, 大言亦然."「莊子」「大宗師」
15 方東美,「中國人生哲學」, 黎明文化事業公司, 1985, 95쪽.
16 "遊乎天地之一氣"「莊子」「大宗師」
17 "以林泉之心臨之."「곽희의 임천고치」, 12쪽 참조.

이러한 인간과 자연, 사물과 나, 경(景)과 정(情)의 통일을 동아시아 고전 미학에서는 '의경(意境)'이라고 한다.[18] 여기에는 이미 서양식 주객 관계는 존재하지 않는다. 이러한 의경이 숙련된 솜씨로 표현될 때 그것이 기운생동(氣韻生動)이다. 그러나 의경은 반드시 정신의 수양을 필요로 한다. 내재적 정신수양이 있은 연후에라야 비로소 산수에 대해 미적 관조(遠)가 가능하기 때문이다.[19] 정신의 수양이란 모든 집착으로부터 벗어나서 마음을 비우고 고요히 하여 무궁한 우주의 리듬을 향해 마음을 전적으로 개방하는 것이다. '원'의 시선을 획득하는 것이다. 이것을 곽희는 다음과 같이 말하고 있다.

세상 사람들은 내가 붓을 대어 그림 그리는 줄만 알았지 그림을 그리는 일이 결코 쉽지 않다는 사실은 전혀 알지 못한다. 장자가 말한 화가의 '옷을 풀어 헤치고 털버덕 주저앉은 상태'는 참으로 화가의 법을 얻은 말이라 할 수 있다. 사람은 모름지기 가슴을 너그럽고 상쾌하게 기르고 생각을 화락하고 막히지 않게 길러야 한다. 그렇게 하여 이른바 평이하고 정직하고 자애롭고 선량한 마음이 끊임없이 솟아난다면, 사람의 웃고 우는 여러 정상과 물건의 뾰족하고 비스듬하고 쓰러지고 기울어진 모습 등이 절로 마음속에 베풀어져 자기도 모르는 사이에 붓 아래에서 드러나게 될 것이다.[20]

'옷을 풀어헤치고 털버덕 주저앉은 상태'란 아무런 걸림이 없이 우

---

18 주래상, 남석현·노상시 옮김, 『중국고전미학』, 미진사, 2003, 13쪽 참조.
19 『중국예술정신』, 394쪽.
20 『곽희의 임천고치』, 44쪽.

곽희, 『임천고치(林泉高致)』

주로 마음이 개방된 화가의 자유로운 정신을 보여주는 것이다. 자유로운 정신 속에서 비로소 평이하고 정직하고 자애롭고 선량한 마음이 생긴다. 이러한 정신 경계란 오랜 수양을 통해 얻어지는 것이기 때문에 그림 그리는 일이 쉽지 않다고 말하는 것이다. 정신수양이 결핍될 때, 그림은 단지 '그림 기술자'[畫工]의 기술에 지나지 않게 된다. 곽희 자신도 화공 출신이었지만, 수양을 강조하는 점에서 그의 화론은 송대 이후 풍미하게 되는 문인화론까지 포섭하고 있는 것이다. 곽희가 말하는 이러한 회화의 원리들은 실로 "텅 비고 고요한 마음으로 천지에 미루어 나아가 만물과 감응하여 통하는 것을 하늘의 즐거움이라고 한다"("言以虛靜推於天地, 通於萬物, 此之謂天樂." 「天道」)라고 한 장자 철학의 미학적 변용이다. 실로 동아시아 미학의 다양한 원리는 장자의 이 한 구절을 벗어나지 않는다.

4. 시와 서예와 그림은 본래 하나이다

시의 이론을 시로 쓴 아름다운 시론서인 『이십사시품(二十四詩品)』의 저자인 사공도(司空圖)는 "주관적인 생각과 객관적인 경치가 조화하는 것을 시인들이 숭상"[21]한다고 하였다. 천지 만물과 감응하는 자리, 주객이 융합되는 흉중구학의 의경이란 또한 시심(詩心)의 자리이기도 한 것이다. 그림과 시는 같은 마음의 자리에서 출발한다. 곽희는

---

21 司空圖, "思與境偕, 乃詩家之所尙." 〈與王駕評詩書〉

『임천고치』에서 "시는 형체 없는 그림이요, 그림은 형체 있는 시이다.(詩是無形畵, 畵是有形詩)"라고 하였다. 소동파는 왕유를 평하여 "마힐(왕유의 호)의 시를 맛보면 시 가운데 그림이 있고, 마힐의 그림을 보면 그림 가운데 시가 있다.(味摩詰之詩, 詩中有畵, 觀摩詰之畵, 畵中有詩.)"고 하였다. 실로 회화적 환기력을 가지지 못한 시는 메마른 것이고, 시의 정취를 품지 못한 그림은 한갓 장식에 불과할 따름이다. 곽희는 『임천고치』에서 이렇게 말하고 있다.

> 고요한 곳에 편안히 앉아 창을 밝게 하고 책상을 정결하게 한 뒤에 한 심지 향을 화로에 사르고 모든 상념을 가라앉히지 않는다면, 아름다운 시구의 좋은 의미를 볼 수 없고 그윽하고 아름다운 정취도 떠올려볼 수 없다. 그러니 그림의 생동하는 의취를 또한 어찌 수월하게 깨달을 수 있겠는가?[22]

곽희에게 있어서 모든 상념을 가라앉히는 마음의 '허정(虛靜)'은 아름다운 시구의 의경을 느낄 수 있는 전제조건이면서 동시에 그림의 생동하는 의취의 출발점이다. 곽사는 『임천고치』의 「화의(畵意)」편에는 아버지 곽희가 평소 암송하며 그림의 생동하는 의취를 떠올리던 아름다운 시구들을 소개하고 있다. 그림과 시는 단순히 정서적 출발점을 같이할 뿐인 것이 아니다. 동아시아 전통적 회화의 특징은 시와 회화가 구체적인 화면에 공존한다는 것이다. 그림의 한 부분에 적혀지는 화제(畵題), 혹은 제화시(題畵詩)는 그림의 이미지를 의미있게 하고 나

---

[22] 『곽희의 임천고치』, 45쪽

아가 그림의 이미지를 넘어서는 무궁한 상념을 불러일으킨다. 「화제(畫題)」편에 소개되고 있는 그림의 제재가 되는 구절들은 그 자체가 무궁한 의취를 품고 있는 시들이다. 예컨대,

　　이른봄 차가운 구름 속에 비가 내리려 하는 풍경(早春寒雲欲雨)
　　봄비가 내리고 봄 운무가 자욱한 풍경(春雨春靄)
　　봄 구름이 흰 두루미 같은 풍경(春雲如白鶴)
　　안개가 피어오르는 해 저문 가을의 풍경(秋晩烟嵐)
　　성근 숲 속의 해 저문 가을의 풍경(疏林秋晩)

등등의 화제는 눈을 감고 조용히 음미해 보면 한 구절이 한 편의 시요, 한 장면의 그림이다.

　화폭에 쓰여진 화제나 화제시는 한 편의 시이면서 그 자체가 또 다른 서예 작품이기도 하다. 서예와 그림이 또한 한 화면에 공존한다. 서법과 화법은 본래 같은 뿌리에서 나왔다. 곽희는 말한다.

　　하나의 붓을 사용할 때에 도리어 붓에 의해 자신이 부려져서는 안 되며, 하나의 먹을 사용할 때 도리어 먹에 의해 자신이 쓰여서는 안 된다. 붓과 먹은 사람에게 가장 기본적인 일인데 이 두 가지 물건을 사용하는 방법조차 모른다면 다시 어떻게 절묘한 그림을 완성할 수 있겠는가? 이는 또한 어려운 일이 아니니 가까이 서법을 익히는 데에서 찾아보면 바로 이와 유사하다. 그러므로 말하는 자들이 이르기를 "왕우군(왕희지)이 거위를 좋아한 것은 거위가 목을 돌리는 것이 마치 사람이 붓을 잡고 팔뚝을 돌려 글자의 결구를 맞추는 것과 같아서이다"라고 하니, 이는 곧 그림에서 붓을 쓰는 법을 논할 때와 같다. 그러므로 세상 사람들이 많이 이르기를 "그림을 잘 그리는 사람은 왕왕 글씨를 잘 쓴다"하니, 이는

그가 팔뚝을 돌리며 붓을 씀에 막힘이 없기 때문이다.[23]

실제로 회화와 서예는 붓과 먹이라는 동일한 재료를 사용한다. 같은 재료를 사용할 뿐만 아니라 사용법이 대동소이하다. 동양화의 불변하는 원리인 사혁의 화육법(畫六法) 가운데 가장 핵심인 '기운생동(氣韻生動)'과 '골법용필(骨法用筆)'은 서법에서 나온 것이다. 『임천고치』에서는 또한 "마음과 손이 이미 응한다(心手已應)"고 하였는데 이는 손과정이 「서보(書譜)」에서 말한 "마음이 깨닫고 손이 따른다(心悟手從)"이나 "마음과 손에 간격이 없다(心手無間)"는 서법의 경계와 상통하는 것이다. 청대의 정섭(鄭燮)은 황산곡이 글씨를 쓰는 것은 마치 대나무를 그리는 것과 같고 소동파가 대나무를 그릴 때는 마치 글을 쓰는 것과 같다고 하였다.[24]

조맹부 〈소석수림도〉

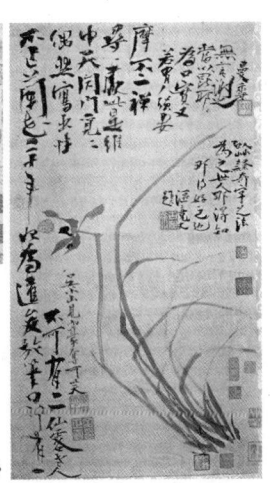

추사 〈불이선란〉

---

23 『곽희의 임천고치』, 62-63쪽.
24 동병종, 김연주 옮김, 『서법과 회화』, 미술문화, 2005, 50쪽 참조.

조맹부의 〈소석수림도〉는 붓의 흔적을 지우는 선염이나 색채도 없이 붓의 골기(骨氣)가 그대로 드러난 서법의 선으로만 이루어진 그림이다. 〈수석소림도〉에는 조맹부 자신이 쓴 유명한 시가 붙어 있다.

돌은 비백처럼 나무는 주서(籒書; 주나라 때 글자) 같이
대나무를 그릴 때는 오히려 팔법에 두루 통해야 하나니
능히 이를 아는 자가 있다면
글씨와 그림이 본래 같음을 알 것이다.
(石如飛白木如籒/ 寫竹還需八法通/ 若也有人能會此/ 方知書畵本來同.)

또한 추사(秋史)는 〈불이선란(不二禪蘭)〉의 화제에서 "초서와 예서, 기이(奇異)한 글자를 쓰는 법으로써 그렸으니 세상 사람들이 어찌 알 수 있으며, 어찌 좋아할 수 있으랴(以草隸奇字之法爲之 世人那得知 那得好之也)"고 쓰고 있다. 소위 문인화의 서권기(書卷氣)라는 것은 많은 독서뿐만 아니라 바로 이 서법의 단련 여부와 깊은 관계가 있다. 그리하여 문인의 그림은 화공들처럼 '그리는' 것이 아니라 '써야' 하는 것이다. 추사의 〈세한도〉나 〈불이선란〉을 그렸다고 하면 안 된다. 그것은 서권기와 서법의 골기로 써진 것이다.

동아시아의 회화는 선의 예술이다. 서법도 화법도 선으로부터 시작해서 선으로 끝난다. 선이 춤춘다. 영국의 미술비평가 로저 프라이는 동양화를 손으로 연출하는 춤의 기록이라고 하였다. 이는 동양화에 나타난 선의 탁월함을 말한 것이다. 서양의 그림이 면 또는 양감을 사용하여 사물의 형태를 구성하는 반면, 동아시아의 회화는 철저히 선이

만들어내는 조형이다. 면이 일정한 형태를 이루면서 정지하려고 한다면 선은 흐르면서 끊임없이 운동하려고 한다. 이는 세계를 불변하는 요소들의 구성으로 보는 유럽인의 시각과 세계를 변화 생성하는 기(氣)의 흐름으로 보는 동아시아인의 시각을 각각 반영한다. 색채가 없는 수묵의 선은 우주적 기의 흐름을 담기에 가장 적절한 것이라 할 수 있다. 그래서 청대의 석도(石濤)는 형태도 색채도 아닌 일획의 선에 회화의 모든 것이 담긴다고 갈파하였던 것이다. 그리하여 동아시아의 회화가 채색화보다 수묵화 위주로 발전한 것은 어쩌면 당연한 일인 것이다.

5. 평원산수 – 평담의 미

지순임은 곽희가 남긴 그림 11점을 검토한 다음 곽희가 삼원법 전체를 두루 사용하였지만 그 가운데 궁극적으로 평원산수를 많이 그렸다고 결론을 내리고 있다.[25] 평원산수의 담담하면서 아득한 풍경을 통해 우리의 시야는 우주의 무궁함과 이어진다. 우뚝 솟은 고원이나 깊은 심원이 숭고미를 보여준다면 평원은 담담한 평담(平淡)의 미를 보여준다. 노자는 일찍이 도(道)의 맛은 담담해서 아무 맛도 없다[26]고 하지 않았던가. 담담함 속에 무궁한 맛이 들어 있는 것이다.

평담은 당나라 말기 사공두와 송대의 매요신 이후 시와 회화에서

---

25 지순임, 『산수화의 이해』, 일지사, 1999, 98쪽 참조.
26 "道之出口, 淡乎其無味"『도덕경』 35장.

가장 중요한 풍격이 되었다. 사공도는 『이십사시품(二十四詩品)』에서 '충담(沖淡)'의 미적 특질을 다음과 같이 시로 표현하고 있다.

素處以默　잠자코 소박하게 사니
妙機其微　오묘한 기틀이 은미하다.
飮之太和　지극히 조화된 기운을 들이마시고
獨鶴與飛　외로운 학과 함께 날아다닌다.
[…]
遇之匪深　그것을 만나면 깊지 않으나
卽之愈希　그것에 다가서면 더욱 희미해진다.
脫有形似　혹 형상이 흡사함이 있어도
握手已遠　손으로 잡으면 이미 어긋난다.

충담은 겉으로는 소박할 뿐이다. 심오한 깊이는 감춰지고 은미하게만 드러난다. 언뜻 보면 평범해 보이지만 쉽사리 포착되지 않는 지극한 조화가 그 속에 담겨 있다. 노장의 담(淡)과 소박, 사공도의 충담은 송대의 시인 매요신(梅堯臣)에 와서 평담이란 풍격으로 종합되면서 시의 최고 수승한 경지로 여겨지게 된다. 매요신은 한 시에서 "시를 짓는 데는 고금이 따로 없이 / 오직 평담하게 짓는 것이 어렵다"라고 말하고 있다. 청대의 화가 운수평은 〈구향관화발(甌香館畵跋)〉에서 매요신과 같은 말을 회화에 적용하고 있다. "묘(妙)는 평담에 있고 / 묘는 천근(淺近)에 있고 / 묘는 일수일석(一水一石)에 있다."

곽희는 매요신의 평담을 자연 산수를 보는 시각인 평원으로 자각하

곽희 〈과석평원도〉

고 그것을 산수화법으로 구현한 작가이자 화론가이다. 『임천고치』는 당시 문인들이 추구하던 평담미를 위한 회화적 원리를 제시하여 이후 문인화와 남송 정부에서 꽃피는 강남산수화의 길잡이 역할을 하였다고 하겠다.

곽희는 동아시아 회화사에 지대한 영향을 끼쳤다. 『임천고치』는 산수화론의 교과서 역할을 하였으며, 그의 작품들의 대부분은 불후의 명품으로 평가받았다. 그리고 그의 작품 양식은 그가 본받으려 했던 이성과 더불어 이곽파라고 불리게 되면서 중국은 물론 조선과 일본에까지 심대한 영향력을 끼쳤다. 안견을 비롯한 조선 초중기의 화가들을 사로잡은 것은 바로 이곽파의 작품이었던 것이다.

    그러나 무엇보다『임천고치』에 기술된 회화의 이론은 오늘날의 우리에게 자연과 우주에 관한, 오래되었지만 그러나 새로운 시각과 자각을 제공한다. 산수화는 단순히 낡은 회화의 한 양식이 아니라 근대 문명의 시각을 반성하게 하고 인간과 자연의 관계를 새롭게 음미하게 한다. 그리고 근대 문명이 우리로부터 차단시켜 버린 우주의 율동과 새로운 접속을 꿈꾸게 한다.

『금강경(金剛經)』
— 존재를 삼켜 허공을 뱉다

권서용

권서용은
부산대학교에서 철학박사 학위를 받았다. 지금은 부산대학교에서 동양철학을 강의를 하고 있다. 『상생의 철학』(공저), 『다르마키르티와 불교인식론』 등의 저서가 있으며 『무상의 철학』, 『인도인의 논리학』(공역), 『티베트 불교철학』(공역) 등을 번역했다.
jungy5182539@hanmail.net

1. 프롤로그

병을 다스리다(治病)

혜암(惠菴) 선사께서 편찮으실 때의 일이다. 시자 나월(蘿月)이 여쭙되, "스님, 몸이 아프십니까? 마음이 아프십니까?" 하니, 스님께서는 "몸도 아프지 않고, 마음도 아프지 않느니라." 하셨다. 다시 시자가 "그러면 어디가 아프십니까?" 여쭈니, 스님께서는 "아야! 아야!" 하셨다. 제자의 마음은 그의 질문에서 알 수 있고, 스승의 마음은 질문에 대한 답에서 확인할 수 있다. '몸이 아프십니까? 마음이 아프십니까?' 라는 질문에서 제자는 아픈 것은 아픈 곳이 있다는 분별적 생각을 드러내고 있는데 반해, '아야, 아야' 라고 한 스승의 답변에는 아픈 것과 아픈 곳이 둘이 아니라는 무분별의 경지를 드러내고 있는 것이다.

그렇다면 진정 '몸이 아프십니까? 마음이 아프십니까?' 라는 물음에 대해 '아야, 아야' 라고 한 뜻은 무엇인가? 그 취지는 어디에 있는가? 이것을 알려고 한다면 존재를 삼켜 허공을 뱉지 않고서는 그 도리를 알 수 없는 것이다. 묘봉스님의 『금강경묘해(金剛經妙解)』는 바로 존재를 삼켜 허공을 뱉는 도리를 설한 것이다. 이 『금강경묘해(金剛經妙解)』는 단순히 금강경의 주석서가 아니라 금강경을 묘하게 해석한 새로운 금강경인 것이다. 이 글은 묘봉스님의 시선을 빌려 『금강경』의 요체를 새롭게 파악하고자 한 것이다.

2. 인명(因明)과 인연(因緣) 그리고 소승(小乘)과 대승(大乘)

인명(因明)이란 논리학의 일종이다. 여기서 인(因)은 원인이나 이유를 의미하고, 명(明)은 학문을 뜻하므로 원인이나 이유를 밝혀서 논증을 행하는 논리학을 인명이라 한다. 논증은 명제에 의해서 구성되는데 다섯 명제로 구성된 논증식을 5지논증이라 하고, 세 개의 명제로 구성된 논증식을 3지논증이라 한다. 인도철학에서는 전자를 고인명(古因明)이라 하고 후자를 신인명(新因明)이라 한다. 5지논증은 주장명제(宗), 이유명제(因), 사례명제(喩), 사례명제를 기반으로 주장명제와 이유명제를 결합한 결합명제(合), 주장을 되풀이 한 결론명제(結) 등으로 구성된다. 5지논증을 예로 들면 다음과 같다.

주장명제(宗), 언어는 무상하다.
이유명제(因), 왜냐하면 언어는 지어낸 것이기 때문이다.
사례명제(喩), 예를 들면 병(瓶)과 같다.
결합명제(合), 병과 같이 언어도 지어낸 것이다.
결론명제(結), 그러므로 언어는 무상하다.

이 5지논증의 문제점은 결합명제와 결론명제가 앞의 주장과 이유 및 사례의 반복이라는 것이다. 그래서 불교인명의 창시자 디그나가는 과감하게 2지를 삭제하고 3지만으로 논증식을 구성하는데 이것이 위에서 말한 3지논증이다. 3지논증은 다음과 같다.

주장명제(宗), 언어는 무상하다.
이유명제(因), 왜냐하면 언어는 지어낸 것이기 때문이다.
사례명제(喩), 무릇 지어낸 것은 모두 무상하다. 병과 같이.
　　　　　　무릇 상주하는 것은 모두 지어낸 것이 아니다. 허공과 같이.

이렇게 5지논증의 불필요한 반복을 과감하게 줄이고 새롭게 3지논증을 구성하여 '모든 것은 무상(無常)이며 무아(無我)이며 고(苦)'임을 논증하는 디그나가의 이 논증을 신인명이라 한다. 이 신인명의 논리를 연기[煙]를 통해 불[火]을 추리하는 논증식으로 구성하면 다음과 같다.

주장명제(宗), 저 산에 불이 있다.
이유명제(因), 왜냐하면 저 산에 연기가 있기 때문이다.
사례명제(喩), 무릇 연기가 있는 곳에 반드시 불이 있다. 아궁이와 같이.
　　　　　　무릇 불이 없는 곳에는 결코 연기는 있을 수 없다. 연못과 같이.

이 인명에서 중요한 것은 인 즉 이유명제이다. 언어가 무상하다고 주장하는 근거는 언어가 지어낸 것이기 때문이며, 저 산에 불이 있다고 하는 우리의 판단의 근거는 저 산에 연기가 있다는 사실이다. 주장(宗)의 근거가 바로 인(因)이기 때문에 그래서 불교논리학을 종명(宗

明)이나 유명(喩明)이라고 하지 않고 인명(因明)이라 했던 것이다.
　인연이나 인과라고 했을 때 중국인들은 인을 어떻게 생각했을까?

　인(因)은 돗자리 위에 대(大)자로 누워있는 사람의 모습을 본뜬 글자이다. 갑골문(甲骨文)에서부터 오늘날에 이르기까지 글자의 형태에는 거의 변함이 없다. 맨바닥이 아니고 돗자리 따위의 깔개 위에 몸을 의지하고 누웠으므로 의지하다, 기대다가 본래의 의미이다. 설문해자(說文解字)에서도 기대다(就也)로 해석하고 있다. 좌전(左傳)의 '남의 힘에 의지했었다가 그 사람을 쳐부순다는 것은 어질지 못한 것이다[因人之力而弊之, 不仁]'라는 말에서도 본래의 의미로 쓰이고 있다. 자리에 누워 편안하면 자리를 떨치고 일어나기 쉽지가 않다. 새로운 것을 구하기보다는 이미 지난 옛것을 고집하여 의지하고 기대는 것을 답습(踏襲)이라 한다. 이와 같이 '의지하다'에서 '답습하다'라는 의미가 파생되었다. 옛것을 답습하여 그대로 좇는 것을 인순(因循) 또는 인습(因襲)이라 하고, 옛것을 답습하여 오랫동안 몸에 익은 관습을 인습(因習)이라 한다. '답습하다'에서 '순응하다', '따르다'라는 의미가 파생되었다. 사기(史記)에 '전쟁을 잘 수행하는 사람은 전세(戰勢)에 순응하여 유리하게 전쟁을 이끈다[善戰者, 因其勢而利導之]'라고 했다. 사람이 누워있다 다른 일을 하려고 할 때는 먼저 자리에서 일어나야 하고(起因), 그 일의 시작은 자리에서 비롯되므로 자리가 일의 기인(基因)이라 할 수 있다. 이로부터 일이나 행위의 원래 인자(因子)가 되는 것을 원인(原因)이라 하고, 동인(動因), 사인(事因), 내인(內因), 외인(外因) 등과 같이 쓰인다. (동서대 중국어학과 김영기 교수)

　'자리에 누워 편안하면 자리를 떨치고 일어나기 쉽지가 않'은 것처럼 '새로운 것을 구하기보다는 이미 지난 옛것을 고집하여 의지하고 기대'어서 답습(踏襲)하고 '옛것을 답습하여 그대로' 인순(因循)하고 '옛것을 답습하여 오랫동안 몸에 익은 관습을 인습(因習)하는 것'이 바로 중생의 모습이다.

주장명제의 논리적 근거 내지 이유로서의 인, 의지하고 답습하는 의미로서의 인, 결과를 낳는 의미로서의 인에 대한 이해는 세상 속에서 나를 본 해석일 뿐, 나 안에서 세계를 본 이해(understanding)는 아니다. 그렇다면 인 혹은 인연을 나 안에서 본다는 것은 어떤 의미일까? 인의 어원적 의미가 네모반듯한 돗자리(口)에 내가 누워있는 모습(大)일 수도 있지만, 동서남북 사방으로 둘러싸인 철창(口) 속에 갇혀 있는 자유로운 나의 마음(大)으로 해석할 수 있다. 일상적으로 우리가 인연의 그물망 속에 있다고 했을 때의 의미가 이것이다. 부모와 자식의 인연, 형과 아우의 인연, 선생과 학생의 인연, 친구와의 인연 등 유정세간(有情世間)의 인연뿐만 아니라 내가 남자로 태어났다는 것, 내가 다른 집안이 아닌 권가 집안에 태어나고 자랐다는 것, 미국이 아니라 분단된 대한민국에 태어났다는 것 등 기세간(器世間)의 인연이 완고한 사실(stubborn fact)로 나에게 주어져 있다. 누군가의 자식이라는 사실, 누군가의 아비라는 사실, 누군가의 형이며 누군가의 아우라는 사실, 어떤 선생의 제자라는 사실과 어떤 제자의 선생이라는 사실, 남자라는 사실, 권가 집안이라는 사실, 대한민국이라는 사실은 끊을래야 끊을 수 없는 완고한 사실들이다.

그런데 나를 구성하는 완고한 사실들 즉 인(因)들이 있는 것일까? 다시 말하면 부모, 자식, 형, 아우, 선생, 학생, 친구, 남자, 집, 대한민국이 본래 있는 것일까? 이 나에게 있어 완고한 사실인 인들은 스스로 있는 것인가 아니면 만들어진 것일까? 우리가 알고 있는 인과(因果)라는 말은 업인업과(業因業果)의 준말이다. 업인업과란 인을 만든 것이 업이며 과를 만든 것도 업이라는 의미이다. 업은 주지하다시피 행위이다. 우리의 행위가 인을 낳으면 인이 다시 우리의 행위를 낳으며 인이 낳은 행위에 의해 과가 발생하는 것이다. 그림으로 그리면 다음과 같다.

업(業)
↓
인(因) → 업(業)
↓
과(果)

사실 인과가 있는 것이 아니라 있는 것은 업뿐이다. 업의 과정에서 일정한 단위를 끊어서 앞의 것을 인이라 하고 뒤의 것을 과라고 이름한 것에 불과하다. 가령 부모와 자식이라는 인연에서 부모와 자식이 이미 선재하는 것이 아니라 자애로운 행위와 효성스러운 행위가 이루어질 때 그 행위의 주체를 부모 그리고 자식이라고 이름 하는 것이며, 형과 아우라는 인연에서도 마찬가지로 형과 아우가 이미 존재하는 것이 아니라 공경하는 행위가 이루어질 때 그 행위의 주체를 형 그리고 아우라고 이름 하는 것이며, 선생과 제자라는 인연에서 자애로운 행위와 공경하는 행위가 어우러질 때 그 행위의 주체를 임시로 선생 그리고 제자라고 이름한 것에 지나지 않는 것이다.

```
가명    인 ⋯→ 과      부모 ⋯→ 자식    선생 ⋯→ 제자
        ↑   ↑         ↑      ↑       ↑      ↑
실재    업 → 업        행위 → 행위     행위 → 행위
```

 업은 짓는 것이다. 짓는 것에는 세 가지가 있다. 하나는 몸이 짓는 것 즉 신업(身業)이요, 둘은 입이 짓는 것 즉 구업(口業)이요, 셋은 생각이 짓는 것 즉 의업(意業)이다. 신업은 욕계를 낳고, 구업은 색계를 낳고, 의업은 무색계를 낳는다. 따라서 이 삼업에 의해 모든 세계가 형성되는 것이다.

 그렇다면 업은 또한 누가 짓는 것인가? 몸이 짓는 것인가, 마음이 짓는 것인가? 몸도 마음도 아닌 제3의 무엇이 짓는 것인가? 『화엄경(華嚴經)』에는 일체유심조(一切唯心造)라는 말이 있다. 모든 것은 마음이 짓는 것, 이것이 일체유심조이다. 신업은 탐욕이라는 마음이 짓는 것이며, 구업은 성냄이라는 마음이 짓는 것이며, 의업은 어리석음이라는 마음이 짓는 것이다. 탐욕은 탐(貪)이요, 성냄은 진(瞋)이요, 어리석음은 치(痴)라. 탐·진·치 이 세 가지 마음을 불교에서는 독사와 같은 마음이라고 해서 세 가지 독한 마음 즉 삼독심(三毒心)이라 부르는 것이다. 그런데 이 '삼독의 마음이 제멋대로 부려서 나쁜 업만을 짓는 것이니, 탐욕이 무거운 이는 아귀의 갈래(餓鬼趣)로 떨어지고, 성냄이 무거운 이는 지옥의 갈래(地獄趣)로 떨어지고, 어리석음이 무거운 이는 축생의 갈래(畜生趣)로 떨어지게 되어 육도 윤회의 수레바퀴에서 벗어나지 못하는 것이다.

삼독심(三毒心)	→ 삼업(三業)	→ 삼계(三界)	→ 삼악취(三惡趣)
탐(貪)	→ 신(身)	→ 욕계(欲界)	→ 아귀(餓鬼)
진(瞋)	→ 구(口)	→ 색계(色界)	→ 지옥(地獄)
치(痴)	→ 의(意)	→ 무색계(無色界)	→ 축생(畜生)

그런데 이 삼업 가운데서도 자기 자신을 구속하는 가장 강력한 행위는 구업으로 짓는 말(言語)이며 의업으로 짓는 생각(生覺)이다. 이 입은 명(名)으로 표현되며, 이 생각은 상(相)으로 표상된다. 이렇게 입으로 표현된 명(名)과 생각으로 표상된 상(相)에 의지해 우리는 모든 것을 짓는 것이다. 우리는 이름(名)으로 자기를 표현하는 언어와 상(相)을 통해 자기를 드러내는 생각을 한 순간도 떠날 수 없다. 상을 통해서 자기와 세계를 드러내며, 언어를 통해서 드러난 자기와 세계를 규정하며 세계를 구성한다. 그런데 의지하게 되면 반드시 구속하게 되어 있다. 이렇게 우리가 의지하는 언어(名)와 생각(相)이 도리어 우리 자신을 구속하는 역설이 발생하는 것이다. 그래서 선불교에서는 개구즉착(開口卽錯)이라 우려했고 동념즉괴(動念卽乖)라 경고했다.

3. 마하반야의 무(無), 금강반야의 상(相)

우리나라 불교도들이 가장 많이 독송하는 경전을 꼽으라면 천수경(千手經), 반야심경(般若心經), 금강경(金剛經) 등이다. 이 가운데 반야심경과 금강경은 대승불교에서 가장 중요한 경전이며, 선불교에서도 소의경전으로 여기는 것이다. 거의 모든 불교의식에는 반드시 반야심경이나 금강경을 독경한다. 반야심경의 원래 이름은 마하반야바라밀다심경(摩訶般若波羅密多心經)이며, 금강경의 본래 이름은 금강반야바라밀다경(金剛般若波羅密多經)이다. 마하반야바라밀다심경에서 마하는 크다(大), 반야는 지혜(智), 바라밀다는 건너다(度), 심은 핵심(心), 경은 경전(經) 즉 수트라(sutra)이기 때문에 이 경전을 풀어서 말하면 큰 지혜로 건너게 하는 핵심 되는 경전이라는 의미이다. 이를 한문으로 옮기면 대지도경(大智度經)이다. 금강반야바라밀다경에서 금강은 금강(金剛), 반야는 지혜(智), 바라밀은 건너다(度), 경은 경전(經)이기 때문에 이 경전을 풀어서 말하면 금강의 지혜로 건너게 하는 경전이라는 의미이다. 이를 한문으로 옮기면 금강지도경(金剛智度經)이라고나 할까. 두 경전 모두 반야바라밀 즉 지도(智度)가 공통으로 들어가 있다. 즉 지혜로 건네줌(智度), 이것이 이 두 경전의 핵심사상이다. 도(度)란 차안에서 피안으로, 무명에서 명으로, 윤회에서 해탈로, 중생에서 부처로 중생을 건네주는 것이다. 모든 종교의 본질은 도(度)에 있다. 기독교에서는 이 도(度)를 구원이라고 하고 불교에서는 구제라 하며, 유교에서는 계몽이라 한다. 그러나 각 종교의 차이성은 그 도(度)를 구현하는 방식 내지 방법이다. 기독교는 신앙을 강조하고 유교는 신독(愼獨)과 성경(誠敬)을 강조하는 반면, 불교는 지혜를 강조한다.

지혜는 무엇에 대한 깨달음이다. 그 무엇이란 우리를 근원적으로 의존케 하고 구속하게 하는 것이다. 반야심경은 그 무엇 즉 우리를 근원적으로 의존·구속케 하는 것으로 명 즉 언어를 상정한다. 우리의 언어에는 일상 언어가 있고 일상 언어의 기반에는 논리(명제) 언어가 있으며 논리(명제) 언어의 근간에는 존재 언어가 있다. 일상 언어는 같다/다르다, 예쁘다/추하다, 좋다/싫다 등으로 사물의 차이성을 구별하는 역할을 한다. 가령 A와 B가 같거나 다르다고 했을 때 같고 다름의 근거는 논리 언어에 있다. 논리(명제) 언어는 이다/아니다로 표현된다. 따라서 A와 B가 같다고 했을 때 그 같음의 근거는 A가 B이기 때문이며, A와 B가 다르다고 했을 때 그 다름의 근거는 A가 B가 아니기 때문이다. 그렇다면 논리(명제) 언어의 존재론적 근거는 어디에서 구할 수가 있을까? 즉 A는 B이다, A는 B가 아니다 라고 했을 때 그 명제의 참·거짓의 근거는 존재 언어에 있다. 존재 언어는 있다/없다로 표현된다. 따라서 A는 B라고 했을 때 그 '임'의 근거는 A에게 있는 것이 B에게도 있고, A에게 없는 것이 B에게도 없기 때문이며, A는 B가 아니고 했을 때 그 '아님'의 근거는 A에게 있는 것이 B에는 없고, A에게 없는 것이 B에는 있기 때문이다. 가령,

　　일상 언어 : 갑돌은 갑순과 다르다.
　　논리 언어 : 갑돌은 갑순이 아니다.
　　존재 언어 : 갑돌에게 있는 것이 갑순에게 없고, 갑돌에게 없는
　　　　　　　 것이 갑순에게 있다.

　위와 같이. 갑돌이 갑순과 다른 이유는 갑돌이 갑순이 아니기 때문이며, 또한 갑돌이 갑순이 아닌 근거는 갑돌에게 있는 것이 갑순에게 없고 갑돌에게 없는 것이 갑순에게 있기 때문이다. 이렇듯 우리가 사

용하는 일상 언어의 존재론적 근거는 궁극적으로 있음과 없음에 존재한다. 본래 없는 것을 있다고 고집하고 실로 존재하는 것을 없다고 집착할 때 모든 고통이 발생한다. 반야심경은 바로 없는 것을 있다고 고집하는 것, 있는 것을 없는 것이라고 집착하는 것에 대해 천착하고 있다. 이러한 유무의 개념과 그 개념에 기반한 언어활동을 근원적으로 깨기 위해 마하반야의 지혜가 요구되었던 것이다.

혜능은 『육조단경(六祖壇經)』 제2 반야품에서 대(大)를 다음과 같이 해설한다.

> 무엇을 마하라 이르는가? 마하라 함은 '크다'는 말이니, 심량(心量)의 광대함은 허공과 같아 끝나는 곳이 없으며, 모나거나 둥글거나 크거나 작거나 함도 없으며, 푸르지도 누렇지도 붉지도 희지도 아니하며, 상하도 없고, 길고 짧음도 없으며, 성냄도 기뻐함도 없으며, 옳다 할 것도 그르다 할 것도 없으며, 선하다 할 것도 없고 악하다 할 것도 없으며, 머리와 꼬리랄 것도 없어서 모든 부처님 국토가 다 허공과 같나니라. 세인의 묘한 성품도 본래 빈 까닭에 한 가지 법인들 가히 얻을 것이 없나니, 자성의 참으로 비었음이 또한 이와 같으니라.(제2般若品)[1]

여기서 마하는 공간의 광대함이나 시간의 무한함을 의미하는 것이 아니라 마음 헤아림(心量)의 광대무변함을 의미한다. 또한 비유하면 마음은 허공과도 같기 때문에 크다고 할 수 있다. 그런데 이 광대한 마

---

[1] 혜암주, 묘봉한역, 『六祖壇經』, 현문출판사, 1990, 80-82쪽.

음은 변반(邊畔)·방원(方圓)·대소(大小)·상하(上下)·장단(長短)·청황적백(靑黃赤白)·진희(瞋喜)·시비(是非)·선악(善惡)·두미(頭尾)가 없는 것이다. 변반과 방원, 대소와 상하장단, 청황적백은 형상이 있는 모양(有相之貌)이며, 진희와 시비 그리고 선악과 두미는 분별(有分別)임에 반해, 광대한 마음은 상이랄 것도 없는 무상의 마음(無相之心)이며 분별이 없는 무분별(無分別)의 마음이다. 장자는 '지극히 작은 것은 안이 없고, 지극히 큰 것은 밖이 없다(至小無內, 至大無外)'고 한다. 이 밖이 없는 것, 상으로 규정할 수 없는 것, 분별할 수 없는 것을 크다 즉 대(大)라 한다. 대(大)란 '본래 없다'는 것을 지칭하기 위한 말이다. 결국 있는 것을 없다고 하거나 없는 것을 있다고 할 때 우리는 전도몽상(顚倒夢想)하게 되는 것이다. 이러한 전도몽상을 깨기 위해 반야심경은 마하반야의 지혜를 강조했던 것이다.

한편, 금강경은 우리를 근원적으로 의존케 하고 구속하게 하는 것으로 상(相) 즉 생각(想)을 설정한다. 상이란 근경식(根境識)의 삼사화합이다. 근이란 인식주관을 의미하는 육근(六根; 眼耳鼻舌身意), 경이란 인식대상을 뜻하는 육경(六境; 色聲香味觸法), 식이란 인식작용을 의미하는 육식(六識; 眼識耳識鼻識舌識身識意識)이다. 근경식의 삼사가 화합하여 형성되는 것이 상이다. 이 상에 사유·분별이 개입되면 표상 즉 상(想)이 형성된다. 최초의 상(相)은 삼사가 인연 화합하여 형성된 것이기 때문에 인연이 다하면 소멸하기 마련이지만, 그 상에 사유·분별이 개입되게 되면 상(想)으로 고착화된다. 이렇게 상으로 고착화하여 집착하는 것을 금강경(金剛經)에서는 상에 머문다(住相)라 한다. 금강경(金剛經)에서는 우리가 집착하는 상을 네 가지로 설정한

다. 금강경(金剛經) 제3 대승정종분(大乘正宗分)에는

> 부처님께서 수보리에게 이르시되 "제 보살마하살이 반드시 그 마음을 이와 같이 항복받을지니라. 살아 있는 일체 중생에 그 종류가 여러 무리이니, 알에서 나거나, 태로 나거나, 습기에 서식해서 태어나던, 변신하여 나던, 형상이 있던, 형상이 없던, 지각하는 존재이든, 지각없는 존재이든, 지각이 있는 것도 아니고 지각이 없는 것도 아니던, 저들로 하여금 내가 모두 남김 없는 열반에 들게 하리라. 멸하여 건네었다면 이와 같은 멸하여 건넴은 무량하고 무수하며 가없이 많은 중생이 다 멸하여 건넬 중생이 실로 다시없는 것이니라. 왜냐하면 수보리야 보살은 '나'다, '남'이라는 생각, 중생이나, 영원함을 염두에 두지 않기 때문이니라.[2]

마지막 구절 '나', '남', '중생', '영원함'이라는 생각이 바로 아상, 인상, 중생, 수자상 즉 사상이다. 사상의 산스크리트 원어는 차례대로 ātma saṃjñā, sattva saṃjñā, jīva saṃjñā, pudgala saṃjñā이다. 현장은 아상(我想), 유정상(有情想), 명자상(命者想), 보특가라상(補特迦羅想)으로 한역하며, 구마라집은 아상(我相), 인상(人相), 중생상(衆生相), 수자상(壽者相)으로 번역한다. 이 사상은 주석가들의 관점에 따라 다르게 해석되는 데 화엄경의 대가 규봉 종밀은 '자기 몸을 집착하는 것'을 아상이라 하고, '나라는 것이 계속 이리저리 돌다가 다른 길(六趣)로 간다고 생각하는 것'을 인상이라 하고, '나가 성쇠고락을 겪고 갖가지로 달라지면서 끊임없이 이어진다고 생각하는 것'을 중

---

[2] 묘봉 운득 송수, 『존재를 심지 허공을 뱉아라-금강경묘해』, 비움과 소통, 2013, 147쪽.

생상이라 하고, '나가 과보로 받은 생명이 끊어지지 않고 머문다고 생각하는 것'을 수자상이라 한다.[3]

선불교의 실질적 개조인 육조 혜능은 '네 가지 상이 있으면 중생이고, 네 가지 상이 없으면 부처이다. 미혹하면 부처가 바로 중생이요, 깨달으면 중생이 바로 부처이다.'라고 하면서 범부의 사상과 수행인의 사상을 나누어 설명한다.

우선 범부의 사상에 대해 혜능은 '미혹된 사람은 재산이나 학문이나 가문을 믿고 다른 사람들을 업신여기는 것'을 범부의 아상(我相)이라 하고, "인의예지신을 실천하면서도 자부심이 높아서 다른 사람들을 공경하지 않고, '나는 인의예지신을 이해하고 실천한다.'고 하여 다른 사람을 공경하지 않는 것"[4]을 범부의 인상(人相)이라 하고, '좋은 일은 자기에게 돌리고 나쁜 일은 남에게 돌리는 것'을 범부의 중생상(衆生相)이라 하고, '경계를 대면할 때 취사하고 분별하는 것'을 범부의 수자상(壽者相)이라 한다. 다음으로 수행자의 사상에 대해 혜능은 '마음에 주관과 객관이 있어서 중생을 가볍게 여기는 것'을 수행자의 아상(我相)이라 하고, '자기가 계를 지키는 것에 긍지를 가지고 파계자를 경멸하는 것'을 수행자의 인상(人相)이라 하고, '삼악도의 고통을 싫어하여 천상에 나기를 바라는 것'이 수행자의 중생상(衆生相)이라 하고, '오래 사는 것을 좋아해서 부지런히 복업을 닦아 갖가지 집착을 떨어버리지 못하는 것'을 수행자의 수자상(壽者相)이라 하였다.

---

3 이인혜 역주, 『金剛經五家解說誼』, 도피안사, 2009, 222쪽.
4 위의 책, 167쪽.

『금강경묘해』의 저자 묘봉은 보다 직절하게 사상을 설한다.

보았느니 들었느니 하면 아가 있고
다름과 차이를 보면 인이 있고
더불어 공통점이나 차이를 소유하는 줄 알면 중생이며
이해, 인식, 판단을 진리적 개념으로 받아들이면 수자이다.[5]

"다른 제경에서 별로 쓰지 않는 금강경적 분석 개념이니 제법을 바라보는 인간의 시각을 제1의로 보았기 때문이다. 이와 같이 눈은 그 자체에 있어서 안광이 아니라 다만 그와 같이 보는 것을 이와 같이 안광이라 한다."[6] 우리는 틀림없이 보았고, 똑똑하게 들었다고 하면서 자기를 확신한다. 이러한 자기 확신을 바로 아상이다. 이것은 저것과 다르고 저것은 이것이 아니라고 하면서 나와 타자를 구분하고 타자와 타자를 구별하여 나와 타자, 타자와 타자를 소외시키는 소외의식이 바로 인상이다. 아울러 존재들의 공통점이나 차이성이 본래 그 실체에 속성으로 내재하는 줄 아는 실체-속성의 사유가 바로 중생상이다. 이렇게 자기 확신과 소외의식과 실체-속성의 사유로 이해한 것, 인식한 것, 판단한 것을 진리적 개념으로 전도몽상(顚倒夢想)하는 것이 바로 수자상이다.

무명·업이 지은 이 네 가지 상은 우리 자신이 근원적으로 의존하는 것일 뿐만 아니라 동시에 우리 자신을 구속하는 근본 동인인 셋이

---

5 묘봉 운륵 송주, 『존재를 삼켜 허공을 뱉아라-금강경묘해』, 비움과 소통, 2013, 169쪽.
6 위의 책, 169쪽.

다. 이러한 무명·업의 소산인 상을 끊기 위해 금강과 같은 지혜가 요구되었던 것이다.

4. 금강경 사구게

그렇다면 어떻게 하면 상에 머물지 않을 수 있는가? 이러한 질문에 답한 것이 제5 여리실견분(如理實見分)이다.

수보리야, 어떻게 여겨지느냐? 몸의 형상을 가지고 여래를 본다 할 수 있겠느냐? 아니옵니다. 삼세에 가장 존귀한 이시여, 몸의 형상을 가지고는 여래를 본다 할 수 없사옵니다. 왜냐하면 여래가 설하시는 신상은 몸 모습이 아닌 까닭이옵니다. 부처께서 수보리에게 말씀하시되, 무릇 존재의 형상 갖춘 것은 모두 다 이렇듯 허망한 것이니 만약 모든 형상이 형상 아닌 줄로만 본다면 곧 여래를 본 것이니라.[7]

마지막 '무릇 존재의 형상 갖춘 것은 모두 다 이렇듯 허망한 것이니 만약 모든 형상이 형상 아닌 줄로만 본다면 곧 여래를 본 것이니라.'가 금강경에서 가장 핵심이 되는 사구게이다. 제1구는 '무릇 존재의 형상 갖춘 것은'이며, 제2구는 '모두 다 이렇듯 허망한 것이니'이며, 제3구는 '만약 형상이 형상 아닌 줄로만 본다면'이며, 제4구는 '여래를 본 것이니라'이다. 한문을 갖추어 정리하면 다음과 같다.

---

[7] 위의 책, 193쪽.

제1구. 무릇 존재의 형상 갖춘 것은	凡所有相
제2구. 모두 다 이렇듯 허망한 것이니	皆是虛妄
제3구. 만약 형상이 형상 아닌 줄로만 본다면	若見諸相非相
제4구. 여래를 본 것이니라	卽見如來

일반적으로 제1구는 공(空)하지 않은 유(有)를 드러내는 유문(有門), 제2구는 유(有)를 부정하는 공(空)의 도리를 드러내는 공문(空門), 제3구는 유(有)이면서 공(空)의 도리를 보이는 역유공문(亦有空門), 제4구는 유(有)도 공(空)한 것도 아닌 도리를 보이는 비유비공문(非有非空門)으로 해석한다. 또 같은 해석을 다른 말로 표현하면 제1구 '존재의 형상 갖춘 것'은 있는 것은 있는 것이라는 상견(常見)을 드러낸 것이며, 제2구는 '모두 다 이렇듯 허망한 것'은 있는 것은 없는 것이라는 단견(斷見)을 드러낸 것이며, 제3구 '형상이 형상 아닌 줄로 보는 것'은 단견과 상견이 비록 다르지만 다 같이 병이 된다는 의미에서 이 두 견해를 여읜 중도견(中道見)을 드러낸 것이며, 제4구 '여래를 본 것'은 중도의 견해가 바로 부처의 지견 즉 불지견(佛知見)임을 드러낸 것이다.

경허(鏡虛)와 만공(滿空)의 문인인 혜암(蕙菴)은 그 자신의 법어집 『조사선에로의 길』에서 화두 5칙으로 이 금강경 사구게를 들어 다음과 같이 우리에게 물음을 던진다.

누구나 이 사구게 글귀에 믿음을 낸다는 그 자체는 그저 형식에 그치는 믿음을 말하지 않는다. 이 글귀에서 오직 한 글자를 가려낼 수 있는 학인이라야 비로소 믿음을 낸 것이라 말할 수 있는 것이다. '무량한 부처님 처소에서 선근을 지어 왔다.'든가 '대승의 마음을 지닌 이를 위한 설법이라'든가 '최상승의 발심을 한 이를 위한 설법이라'든가 하는 경의 말씀이 모두 이 한 글자를 가려낼 수 있는 학인을 두고 하신 것이다. 이 글자를 가리는 법은 어떠한 것인가? 이 글귀에 대한 뜻은, 한 생각이 일어나기 전을 관하여 가릴 수 있는 것이다. 단순히 입으로만 경문을 읽어 내려가는 것은 아마도 좋은 인연을 짓게 될지는 모르나 사구 가운데서 한 글자를 가려낼 수는 도저히 없을 것이다. 이 한 글자를 가려낸다는 것은 매우 어렵고 힘든 별개의 문제이리라. 이 사구게 안에 오로지 한 글자가 있어서 사구게를 대행하고 전체 금강경을 대신하는 것이다.[8]

금강경은 전체 불교를 대신하고 사구게는 금강경 전체를 대신하며 이 한 글자가 사구게를 대행한다니, 금강경과 불교 전체를 대신한다는 이 한 글자는 무엇인가? 이 화두는 밝은 눈(明眼)을 탁마하기 위한 것이다. 『조사선에로의 길』에는 밝은 눈 탁마하는 또 다른 화두를 다음과 같이 제시한다. 혜암스님이 통도사 보광선원의 조실인 박성월 스님께 '오늘 무슨 법문이 있습니까?' 하고 묻자, 성월 스님은, 옛날 백장 회해 스님이 영가를 천도하는 의식 때 늘 읊은 다음의 게송을 들면서

靈光獨耀	신령스런 광명이 홀로 빛나매
迥脫根塵	근진을 멀리 벗어났고
體露眞常	본체가 그 진상을 드러내니
不拘文字	문자에 아무 걸림이 없다.
眞性無染	참된 성품은 물들음이 없어
本自圓成	본래 스스로 원만히 이루어졌거니

---

8 묘봉 찬역, 『조사선에로의 길』, 혜암문도회, 1987, 148-150쪽.

但離妄緣　다만 망령된 인연만 여의면
卽如如佛　곧 여여한 부처니라.⁹

한 글자가 때가 묻었으니 때 묻은 한 글자는 무엇이고 그렇다면 이 한 글자를 대신할, 때 묻지 않은 한 글자는 무엇인가? 이 한 글자를 알려고 한다면 '한 생각이 일어나기 전을 관(觀)'해야 하며, '제법을 바라보는 인간의 시각을 제1의'로 해야만 가능할 것이다.¹⁰

경허의 문인인 만공, 만공의 문인인 혜암, 혜암의 문인인 이『금강경묘해』의 저자인 묘봉 운륵은 금강경 사구게를 다음과 같이 사구게로서 송주한다.

감아도 보이나 떠도 아니 보인다.
감았다니 어찌 감을 것이며 본다니 무엇이 보는가?
눈일지라도 눈이 아니나 눈 아님도 그르친다.
실과 공을 영육도 아닌 색과 공으로 본다.

무엇을 일러 상을 보았다 부르는가?
본 줄로 알아 마음 놓아 이름 붙이는 이여!
무엇을 보곤 이 형상인 줄 알아 태연한가?
알고자 하여 홀연 눈을 깜박거리지 마라!

금강경 사구게에서 제3구와 제4구는 '만약 형상이 형상 아닌 줄로

9　위의 책, 156쪽.
10　위의 책, 158쪽.

만 본다면 여래를 본 것이니라.'에서 보는 것은, 다시 말하면 봄의 대상은, 하나는 '형상이 형상 아닌 것' 즉 제상비상(諸相非相)이며, 또 하나는 여래(如來)이다. 그렇다면 형상이 형상이 아닌 것(諸相非相)과 여래는 봄의 다른 두 대상인가 하면 그렇지 않다. '형상이 형상 아닌 것'은 바로 공(空)이며 그 공을 인격적 언어로 표현하면 여래이다. 그래서 '형상이 형상 아닌 줄로만 본다면 여래를 본 것'이라 했던 것이다. 그러나 이렇게 본 것도 '본 줄로 알아 마음 놓아' 버리거나 '알고자 하여 홀연 눈을 깜박'거린다면 상도 잃고 여래마저 잃게 되는 것이다. 그런데,

> 눈에 없고 외물은 허깨비라 눈에 의지하여 보이고
> 봄 그 자체는 제가 본 것과 아무 관계도 없는 것들이거니
> 어찌하여 이렇듯 보고 안 형상들이 분명한 모양을 갖춘 것인가?
> 무엇이 우리로 하여금 이 거짓들을 참으로 존재하는 것으로 알게 하는가?
>
> 실지(實知)하고 실견(實見)하는 일은 사람이 하는 어떤 일이 아니다.
> 실제로 터득함도 아니고 실제로 봄이 아니니
> 우리가 하는 일이 무엇을 알거나 보기 위함이 아니라
> 이미 보고 알기 때문에 '본다' '안다' 말하기 때문이다.[11]

'눈에 없고 외물은 허깨비라 눈에 의지하여 보이고, 봄 그 자체는 제가 본 것과 아무 관계도 없는 것들'인데 어떻게 해서 여래가 실지(實知)하고 실견(實見)하는가? 그것은 다름 아닌 무엇을 알고, 무엇을 보았기 때문이 아니라, '이미 보고, 알기' 때문에 여실지(如實知)하고 여

---

[11] 위의 책, 202쪽.

실견(如實見)하는 것이다.

    Parmenides의 정직함을 이해하지 못하는 중요한 이유는
그 정직이 가장 부정직하기 때문이다.
'존재하는 것'은 가장 불완전한 형태의 존재인 까닭이다.
모든 존재는 monad처럼 창문이 없다.

    존재를 시비하는 것은 그것이 본래 존재하지 않기 때문이다.
존재는 존재로서는 닫혀 있다.
나무나 돌, 사람과 천체 행성 따위는 인간이
저들을 logos화하기 이전에는 존재가 아니다.[12]

    그렇다면 우리는 왜 존재를 시비하는가? 왜냐하면 '나무나 돌, 사람과 천체 행성 따위는 인간이 저들을 logos화되기 이전에는 존재가 아니'기 때문이며, 다시 말하면 그것은 본래 존재하지 않기 때문이다. 그런데 "눈이 보고 귀가 듣지만 개념에 의지하여 logos화되기 이전에는 보이지도 들리지도 않는다."[13]

    보는 것과 본 것은 다르니
마치 볼 수 없는 것과 안 보이는 것처럼.
거짓이란 스스로 존재한다고 믿는 그 순간의 환영일 뿐
진실로 존재한다는 설화가 자신에 대한 기만인 깃과 같다.
When one says that, 'I saw it',

---

[12] 위의 책, 202쪽.
[13] 위의 책, 202쪽.

What does this mean?
Seeing does not have an outer aspect.
Furthermore, seer cannot have a subjective master.

Ob-ject and sub-ject are seer's mental formation.
The fact of which is nothing but delusion.
On the other hand
Delusion is also delusory opinion.

말이 존재를 싣지만 존재는 이를 거부한다.[14]

그런데 금강경 4구게에서 제3구 '만약 형상이 형상 아닌 줄로만 본다면'(若見諸相非相)에서 우리가 물어야 할 것은 '어떻게 하면 형상이 형상 아닌 줄로 볼 것인가?' 이다. 형상과 형상 아님에 주목해서는 안 된다. 만약 다시 형상에 주목한다면 상견에 빠질 것이요, 형상 아님에 집착한다면 단견에 빠질 것이다. 또한 '형상'과 '형상 아님'을 떠나 '형상이 형상 아닌 것'이 따로 있어 그것을 본다고 한다면 이 또한 망상(妄想)이며 망념(妄念)이다. 우리가 형상을 본다고 하면 보는 것과 형상이 따로 있는 것이며, 우리가 형상 아님을 본다고 하면 보는 것과 형상 아님이 서로 여의어 있는 것이다. 그리고 우리가 형상이 형상 아닌 것을 본다고 하면 보는 것이 형상이 형상 아닌 것을 여의고 보는 것이 된다. 다시 어떻게 하면 형상이 형상 아닌 줄로 볼 것인가? 형상이 형상 아닌 줄로 보는 그 놈을 보면 된다. 그 놈이 보는 놈이요, 그 놈이

---

14 위의 책, '203-204쪽.

형상과 형상 아님을 만든 주범이라. 그 주범이 바로 자성(自性), 자기 성품인 것이다. 그리고 그 성품은 허공과 같아서 텅 비어 있으되 텅 비어 있기 때문에 모든 것이 그 속에서 나오듯, 자기의 성품도 본래 텅 비어 신령스럽고 어둡지 아니하여 일체를 지어내는 것이다. 그렇기 때문에 선불교에서는 자기 성품을 보는 것이 부처가 된다고 했던 것이다. 다시 견성(見性)이면 성불(成佛)이라.

5. 에필로그

어느 노스님께서 큰 병에 걸려 병원에 입원하였다. 시자 3인이 문병을 와 세 번 절하고는 이렇게 여쭈었다. "스님 이렇게 아플 때는 어떻게 수행해야 합니까?" 노스님께서 너무나 아픈데 시자들이 한가하게(?) 묻자, "이 놈들아, 아파 죽겠는데 수행은 무슨, 아야야야야!" 그러자 시자 3인은 뒤도 돌아보지 않고 그 길로 영영 돌아오지 않았다. 이럴 때 어떻게 말해야 제자도 잃지 않고 자신도 잃지 않을 수 있는가? 한 마디 해 보라.

우리는 아픈 것과 수행을 다른 것 즉 둘로 나누어 생각하는 경향이 있다. 또한 우리는 아픈 것은 아픈 곳이 있다고 생각하여 몸이 아픈가 아니면 마음이 아픈가 라고 묻기도 한다. 그런데 몸과 마음이 실로 있는 것이라면 그러한 물음은 의미가 있을 것이지만 유감스럽게도 몸과 마음은 다 공(空)한 가명(假名)에 지나지 않는 것이다. 가명에 불과한 몸에 대해, 허명에 지나지 않는 마음에 대해, 아프냐고 묻는 것은 공허

한 허언에 지나지 않는 것이다. 하지만 인간은 필연적으로 생(生)하고 노(老)하고 병(病)하고 사(死)하기 마련이다. 특히 병이 났을 때, 그 때에는 어떻게 수행을 할 것인가? 존재를 삼켜 허공을 뱉고서 한마디 한다면

아픈 것이 수행이니라.(혜암선사)

왕필, 『주역약례(周易略例)』
– 역(易)의 은유(隱喩)를 의리(義理)로 읽다

구미숙

구미숙은
부산대학교에서 철학박사 학위를 받았다. 현재 부산대학교에서 동양철학을 강의하고 있으며, 사단법인 〈빈빈〉에서 시민강좌를 이어오고 있다. 「주역의 사유구조에 관한 연구(박사학위)」와 「왕필의 득의망상에 관한 연구」, 「승조의 물불천론에 있어서 운동부정의 논리와 중국불교적 성격」 등의 논문을 발표했다.
ekadusekd@hanmail.net

1. 짧은 생애와 긴 영향

24세의 젊은 나이에 요절한 왕필(王弼, 226~249)은 『노자주(老子注)』(17세)와 『주역주(周易注)』(23세)를 짓고[1] 그 외 『논어』에 대한 단편적인 글을 남겼을 뿐인데 후대 그를 〈천재소년 왕삐〉라 부르는 것은 그의 글 속에 어떤 천재성이 있어서일까? 젊은 시절 그의 관심을 사로잡은 이 책들은 장자와 더불어 위진현학자들이 중시했던 경전이었을 뿐만 아니라 당시 인도로부터 유입된 사변적 불교에 충격을 받은 지식인들에게 불교를 이해하는 사유의 틀을 제공하기도 하고 그 충격을 완화시켜주는 완충제 역할도 했다. 그는 1만 권의 장서를 소장하고 있던 명문호족 출신으로 상당히 많은 책을 읽었을 것으로 추정되지만 그의 주석에는 하나의 역사적 사례조차 인용하지 않고 오직 언어의 추상적 의미를 명료한 지성으로 분석할 뿐이다. 이것은 삶에 대한 심오한 통찰이 반드시 오랜 시간의 경험과 사색에 의해서 터득되는 것이 아니라

---

[1] 林采佑,「王弼 易哲學 研究-以簡御繁사상을 중심으로-」, 연세대학교 대학원 박사학위논문, 1995, 40-41쪽 참조.

언어에 함축된 의미를 밝혀낼 수 있는 투명한 젊은 이성에 의해서도 드러날 수 있음을 보여준다.

  위진(魏晉)시대 청담(淸談)과 현학(玄學)에 대해 소중한 자료를 남기고 있는 『세설신어주(世說新語注)』에 의하면 왕필은 자(字)가 보사(輔嗣)이며, 산양(山陽) 고평(高平)[2] 사람이다. 어려서부터 총명하여 10여살 때 이미 『장자』와 『노자』를 좋아하고, 변론에 통달하여 담론에 능하였다고 한다. 조조의 사위이며 이부상서(吏部尙書)인 하안(何晏)은 그를 매우 아껴 대랑(臺郎)에 임명했다. 그러나 왕필은 평소 실제 업무처리는 잘 하지 못하고 게다가 그런 것에는 관심도 두지 않았을 뿐 아니라 자기의 뛰어난 점을 가지고 다른 사람을 비웃었기 때문에 다른 사람의 미움을 사기도 했다. 그는 언변이 뛰어나 20세가 되기 전 하안을 찾아 갔을 때 하안은 왕필의 명성을 들었기 때문에 지난 번 담론에서 가장 뛰어난 논리를 골라 왕필에게 "다시 반론을 펼칠 수 있겠는가?" 하였다. 왕필은 곧바로 반론을 펼칠 뿐 아니라 스스로 문제 제출자와 응답자가 되어 자문자답하면서 몇 차례 담론을 전개했는데, 모두 좌중의 사람들이 따라갈 수 없었다고 한다.[3] 그는 이러한 재능[才]에도 불구하고 덕(德)이 부족하여 사람됨이 천박하고 남의 마음을 헤아리지 못한다는 비난을 받았다. 그의 동료인 왕려와 순융과도 처음에는 사이가 좋았으나, 왕려가 자기의 황문랑 직을 빼앗았다고 하여 그를 증오했으며, 순융과도 끝까지 좋게 지내지는 못했다. 정시(正始) 연

---

2 현재 山東省 金鄕에 해당. 앞의 논문, 42쪽 주)93 참조.

3 林采佑, 「王弼 易哲學 硏究-以簡御繁사상을 중심으로-」, 연세대학교 대학원 박사학위논문, 1995, 40-41쪽 참조.

간에 송사에 걸려 면직되었으며, 그 해 가을 역질에 걸려 죽으니 그때 나이 24살이었다. 왕필이 죽자 진(晉) 경제(景帝)는 "하늘이 나를 버리셨도다!"라고 하며 며칠 동안 슬피 탄식했다[4]고 하니 그의 명성을 알 수가 있다.

왕필의 죽음은 당시 정치적 상황과 연관되어 있다. 위(魏)의 명제(明帝: 재위 226~239) 사후 그 양자인 조방이 겨우 여덟 살 나이로 새 황제가 되고 일족인 조상이 이를 보좌하자, 조조의 사위인 하안을 중용하여 함께 정국을 담당했다. 그러나 조상에게 경원시 당하던 사마의(司馬懿)가 249년 쿠데타를 일으키면서 조상과 하안은 주살당하고[5] 왕필은 그 충격으로 스물넷의 젊은 나이에 병사하였던 것이다.

왕필은 짧은 생애 10여년의 활동을 하였지만, 그가 남긴 사상의 족적은 매우 길다. 그는 『노자』와 『주역』에 주석을 남김으로써 위진현학의 형이상학적 논의의 토대를 제공하였다. 그는 도(道)를 본(本)이며 무(無)로 해석하기 때문에 그의 사상을 귀무론(貴無論) 또는 숭본식말(崇本息末)이라 하지만 말(末)인 유(有)를 폄하하지는 않는다. 그리고 그는 노장을 무(無)의 철학자로, 공자를 유(有)의 철학자로 보고 무를 체득한 공자는 무란 설명할 수 없기 때문에 유에 대해서만 언급할 뿐이었고, 반면 노장은 유에서 벗어나지 못했기 때문에 항상 부족한 바의 무를 항상 설명했다는 것이다.[6] 그가 단순히 담론에서 이기기 위하

---

4 (梁) 劉孝標 注, 金長煥 譯注, 『世說新語』상, 살림, 1997, 270쪽 참조.
5 가아카쓰 요시오 지음, 임대희 옮김, 『중국의 역사-위진남북조』, 혜안, 2004, 154-156쪽 참조.
6 (宋) 劉義慶 撰, 앞의 책, 272쪽 참조.

여 응수를 한 것인지 진정 공자를 높이 평가한 것인지는 알 수 없지만, 유가적 성격이 짙은「십익(十翼)」으로 역(易)의 경문(經文)을 해석한 것으로 볼 때 그는 노장과 공자를 양면의 칼날처럼 사용하였음을 알 수 있다.

왕필이『주역』을 해석하는 원칙은 '이전해경(以傳解經)' 즉『역전(易傳)』또는『十翼』으로「역경(易經)」을 해석하는 것이다. 때문에 그의 해석은 매우 간결하며 경문의 모호한 의미를 보다 명확하게 연결해 준다. 그의 이러한 해석법을 의리역(義理易)이라 부르는데, 이는 왕필 이전 400여년 지속된 상수역(象數易)의 해석법을 완전히 제거하는 것이어서, 역학사(易學史)에 있어서는 매우 중요한 의미를 지닌다. 그리고 그의 주역주(周易注)는 당의 공영달이 오경정의(五經正義)를 편찬하면서『역경』의 주(注)로 채택함에 따라 후대 주역 해석에 있어서 정본이 되었고, 송의 정이(程頤)는 그의 해석을 따라『이천역전(伊川易傳)』을 짓고, 명의 호광(胡廣) 등이 정이와 주희(朱熹)의 주석을 채택하여 어명으로『주역전의대전(周易傳義大全)』을 편찬함에 따라 조선시대까지 주역을 이해하는 교과서가 되었다. 그는『주역주』말미에「주역약례(周易略例)」라는 짧은 논문을 덧붙임으로써『주역』을 보는 그의 관점을 제시하고 있다. 그의 해석이 어느 정도 타당한지 판단하기 위해서는 먼저「역경」원문이 지닌 모호함과 왕필 이전 상수역의 해석전통에 대해 이해할 필요가 있다.

2. 역(易)의 은유와 상징

주역은 내용상 「역경」과 「역전」 또는 「십익」으로 나뉜다. 「역경」은 64괘와 괘효사(卦爻辭)로 구성되며, 괘효사를 경문이라 한다. 「역전」은 「역경」에 대한 최초의 해설서이다. 「역전」의 저자를 전통적으로 공자라고 하는데 신빙성은 없다. 왜냐하면 「역경」은 그 저술시기가 은주(殷周)교체기에서 주초(周初)이고 역전 가운데 「계사전」의 일부 내용이 전국말(戰國末)에서 한초(漢初)까지 형성된 것으로 추정하기 때문이다. 주역은 그 안에 해설서를 포함하고 있는 특이한 책으로 이 해설이 없으면 주역의 핵심인 「역경」을 이해하기 어렵다. 그 어려움은 「역경」을 구성하는 64괘와 괘효사가 저자의 해설이 없으면 알 수 없는 상징적 기호[卦]와 모호한 은유적 표현으로 구성되어 있기 때문이다. 예를 들어 건괘(乾卦, ䷀) 초구(初九) 효사(爻辭)는 "물속에 잠겨 있는 용이니 쓰지 말라(潛龍 勿用)"이다. 언어가 없이 〈☰〉이라는 기호만 본다면 의미를 알 수 없다. 괘명을 건(乾)이라 하여 그 뜻이 〈하늘〉임을 알 수 있고 가장 아래 효는 "물속에 잠겨 있는 용이니 쓰지 말라(潛龍 勿用)"는 설명으로 보아 어떤 사람이 〈물속에 잠겨 있는 용〉과 같은 상황이니 〈어떤 일을 시도하지 말라〉는 뜻으로 이해된다. 이는 〈물속에 잠겨 있는 용〉이 〈용〉이라는 구체적 대상을 지시하는 것이 아니라 이 상황으로 유추할 수 있는 유사한 상황들을 임시한다. 이 효사의 구체적 사건으로는 문왕(文王)이 아직 세력을 확장하지 못하고 덕을 축적하는 시기로 볼 수 있지만, 384효 가운데 〈기자(箕子)〉 〈고종(高宗)〉 〈제을(帝乙)〉 같은 고유명시 이외 〈돼지가 진흙을 짊어지고 오다(睽,

上九)〉〈그 뺨이 씩씩하니(夬, 九三)〉〈소태나무로 오이를 싸다(姤, 九五)〉 등은 모두 정확한 의미를 알 수 없다. 대체로 효사(爻辭)는 하나의 사건과 또 다른 사건의 유사성을 함축하거나 은유적으로 표현하였는데, 레이코프는 은유가 지향하는 의미는 자의적인 것이 아니라, 우리의 물리적·문화적 경험에 바탕을 둔다고 한다.[7] 그의 지적처럼 괘효사에 쓰인 은유적 표현도 화자와 그것이 사용되던 맥락과 문화를 떠나서는 이해하기 어렵다.

「역경」이해의 어려움은 효사의 은유적 표현뿐만 아니라 괘효사가 특정한 괘와 연결되어 있다는 점이다. 괘의 상징성은 〈⇒〉가 〈오른쪽으로…〉와 같이 단순하지 않다. 오히려 독자에게 상징되어진 바의 것에 대해서 거의 혹은 전혀 시사를 던져주지 않는 상징시의 모호함과 유사하다.[8] 64괘는 〈─〉와 〈--〉라는 두 효로 구성되어 있지만, 3효로 구성된 8괘는 건(乾, ☰)의 경우 〈하늘〉〈둥근 고리〉〈군주〉〈말[馬]〉〈차가움〉〈얼음〉 등과 같이 매우 이질적이고 다양한 뜻을 함축하고 있다. 그러나 괘효사는 무작위로 흩어져 있는 것이 아니라 어떤 의미 있는 배열을 하고 있다. 특징적으로는 여섯 효사가 괘명(卦名)의 뜻을 공통으로 지니고 있으며, 초효부터 상효까지 어떤 의도를 지니고 배열된 것으로 보인다. 그렇다면 어떤 하나의 효사가 어떤 특정한 효의 위치에 오는 것은 어떤 필연성이 있는 것인가 아니면 우연적인가? 「역경」에 대한 첫 번째 해설서인 「역전」뿐만 아니라 그 뒤의 해석체계

---

7 G.레이코프, M.존슨 지음, 노양진·나익주 옮김, 『삶으로서의 은유』, 서광사, 2004, 23-43쪽 참조.

8 Charles Chadwick 저, 박희진 역, 『象徵主義』, 서울대학교출판부, 1979, 6쪽 참조.

인 상수역과 의리역에서는 모두 필연적 연관성을 지닌다고 본다.

여기서 한 왕조의 400년 동안 복잡한 상수역이 흥기하게 되었다. 한대 상수역은 괘(卦)와 사(辭)의 일치를 상(象)과 수(數)를 중심으로 설명하면서 개별 효사를 특수한 구체적 사건과 연결시키려는 노력 때문에 더욱 복잡한 이론을 형성하게 되었다.

3. 왕필이전 은유를 구상(具象)과 연결 지으려는 노력

역(易)의 본래 기능은 점(占)이다. 그 발생은 은나라부터이며 거북 껍질을 이용한 복(卜)이 먼저 시행되고 주류를 이룬 반면 시초를 이용하는 서(筮)는 뒤에 함께 쓰이게 되었다. 역(易)은 50개의 시초를 사용하는 시초점이다. 점을 치는 방법은 「계사전」에 설명되어 있고, 실제 점을 치고 해석한 사례는 『춘추좌씨전』에 있다. 그 가운데 한 예를 보자.

노나라 소공 5년(B.C.537)에 노나라 3가(家) 중의 하나인 숙손씨(叔孫氏) 집안의 후계자인 숙손목자가 죽었다. 그가 태어났을 때 그의 부친인 장숙이 주역으로 시초점을 치니 명이괘(明夷卦, ䷣)가 겸괘(謙卦, ䷎)로 변하는 점괘가 나왔다. 점괘는 다음과 같다.

명이가 날아오름에 그 날개를 드리운다. 군자가 가는데 사흘을 먹지 못할 것이다. 갈 곳을 둠에 주인이 말이 있으리라.[9]

---

9 明夷于飛 垂其翼 君子于行 三日不食 有攸往 主人有言(明夷卦 初九)

이것을 복관(卜官) 초구(楚丘)에게 보이었더니 그는 다음과 같이 풀이하였다.

이이는 나라를 떠났다가 돌아와 댁의 제사지내는 일을 계승할 것인데, 참언을 하는 사람을 데리고 들어올 것으로, 그 사람의 이름은 우(牛)이고, 이 분은 결국 굶주려 죽을 것입니다.

초구(楚丘)의 해석은 「역경」 원문에 보이지 않는 내용이다. 그의 이 예언은 그대로 적중하였다. 숙손목자는 노나라를 떠나 경종(庚宗)이라는 곳에 머무를 때에 어떤 부인의 집에 머물렀다. 그가 다시 제나라로 가서 아내를 맞이하고 두 아들을 낳았는데, 하루는 꿈에 하늘이 그를 눌러 밀쳐낼 수가 없었다. 사방을 돌아보다 한 사람을 발견했는데, 얼굴이 검은데다 두 어깨가 위로 치켜 올라가고, 눈이 쑥 들어간 모습에 돼지와 같이 입이 쑥 나왔었다. 그는 꿈결에 불러 말하기를, "우(牛)는 나를 도와라!"라고 했다. 그랬더니 곧 몸을 누르는 힘을 밀칠 수가 있었다. 다음날 아침이 되어 집안 식구들을 다 모아놓고 꿈속의 인물을 찾았지만 그를 닮은 사람은 없었다. 후에 숙손목자가 숙손씨의 후계자가 되어 노나라로 되돌아갔을 때 경종에서 만난 이 부인이 아들을 데리고 와서 꿩을 바치는 것이었다. 그런데 그 아들의 모습이 꿈에 본 사람과 꼭 닮아 그에게 이름을 묻지도 않고 "우(牛)야!"라고 부르니, 부인의 아들은 "네!"라고 대답하였다. 그는 이 부인의 아들을 사랑하여 사환을 시키고, 장성하자 가문의 일을 맡아 다스리게 하였다. 그러나 우(牛)는 숙손목자의 두 아들을 모함하여 죽였을 뿐만 아니라, 병든 숙손목자에게 먹을 것을 주지 않아 결국 사흘 만에 굶어죽게 하였다. 우(牛)는 숙손목자가 죽자 그의 서자인 소자(昭子)를 후계자로 앉혔으나, 소자(昭子)는 가문의 후계자로 올라 그동안 사환이었던 우(牛)가 숙손씨 가문에 일으킨 화를 추궁하여 우(牛)를 죽였다.

    초구는 효사를 보고 어떻게 이와 같은 일이 일어날 것을 알았는가? 그는 효사를 다음과 같이 풀이하였다. 명이괘는 하루[日]를 나타내는데 하루를 열 시간으로 나누고, 이 열 시간을 계급으로 바꾸면 일중(日中)은 왕이고, 정오 바로 앞 시간은 제후, 그리고 해가 솟으려 하는 때는 경(卿)에 해당한다. 명이괘가 겸괘로 바뀌는 때는 날이 아직 밝지 않은 여명의 시간이면서 계급으로는 경의 자리이다. 그래서 숙손목자는 경의 위치에 올라 가문의 제사지내는 일을 계승한다고 하였다. 그리고 명이괘가 겸괘로 바뀌는 것은 나는 새[鳥]에 해당하여 〈명이가 나른다〉고 하고, 아직 여명기라 〈그 날개를 늘어뜨린다〉고 한다. 그가 여기서 새의 상(象)을 보는 것은 어떤 근거를 찾을 수가 없다. 또 앞서 명이괘는 해의 움직임을 나타내기 때문에 〈군자가 간다〉고 하고 하루 시간 중 세 번 째 시간에 해당하여 〈사흘간 먹지 못한다〉고 한다. 다소 근거가 없지만 그는 숙손목자가 새처럼 노나라를 떠나 다니면서 날개를 늘어뜨린 새처럼 빨리 날지도 못하고 날개를 넓게 펴지는 못하지만 노나라로 돌아와 경의 자리에 오르리라고 생각했다. 여기까지는 효사와 비슷한 내용이지만, 참언을 하는 우(牛)라는 인물은 그의 독창적인 해석이다. 그는 이것을 괘(卦)의 물상(物象)에서 보았다. 즉 하괘인 리(離, ☲)는 불[火]에 해당되고, 간(艮, ☶)은 산(山)에 해당된다. 리(離)가 불이 되어 불이 산을 태우면 산은 엉망이 되는데, 이것을 인간의 일로 말하면 간(艮)은 말[言語]이 되어 엉망인 말 즉 참언이 되는 것이다. 그리고 리괘는 소[牛]를 나타내는데,[10] 세상이 어지러워지면 참언이 잘 통해지므로 숙손목자에게 참언을 할 사람의 이름을 우(牛)라고 하였다.[11]

위의 예에서 보듯 복관(卜官) 초구의 해석은 지금의 『주역』에서 없는 내용이지만 리(離, ☲) 간(艮, ☶)과 같은 괘상을 〈불[火]〉〈소[牛]〉〈산(山)〉과 같은 물상과 연결시켰고, 〈명이가 나른다〉〈그 날개를 떨어뜨린다〉와 같은 은유적 표현을 〈나라 밖을 떠돈다〉〈경의 자리에 올라 제사를 받든다〉〈참언하는 사람의 이름이 우(牛)이다〉 등으로 구체적 사실로 해석한다. 역의 은유를 구상(具象)과 연결 지으려는 노력은 『춘추좌전』에 이어 한대 상수역으로 이어진다. 이 해석의 방식에서는 상(象)과 수(數)를 중시하기 때문에 상수역(象數易)이라고 한다.

왕필은 400여년 지속된 상수역의 전통을 의리역이라는 새로운 해석체계로 전환시켰는데, 후한시대 사람이면서 왕필과 동시대 살았던 유명한 상수학자 정현과 마융의 일화를 보면 왕필 당시까지도 상수역의 전통은 여전히 효력을 발휘하고 있었던 것을 알 수 있다. 남북조시대에 쓴 『세설신어』에 다음과 같은 일화가 전해진다.

> 정현(鄭玄)은 마융(馬融)의 문하에 있었지만, 3년 동안 그를 만나 볼 수가 없었으며, 수석 제자가 학문을 전수해 줄 따름이었다. 한 번은 혼

---

10 「설괘전」 물상(物象)에서 리괘(離卦)는 〈소〉가 아니라 〈꿩〉이다. 상수역학자들은 경전에 없는 물상을 많이 만들어내었다.
11 숙손목자와 관련된 점례는 문선규 역저, 『춘추좌씨전』 하, 명문당, 1987, 24-35쪽 참조.

천(渾天)을 계산하다가 맞지 않았는데 여러 제자들도 능히 풀 수가 없었다. 어떤 사람이 정현이 풀 수 있을 것이라고 하자, 마융이 정현을 불러 계산하라했더니 단 한번 돌려서 곧바로 해결했다. 이것을 보고 사람들이 모두 놀라 탄복했다. 정현이 학업을 다 마치고 나서 작별을 고하고 돌아간 뒤, 마융은 '예악이 모두 동쪽으로 떠나간다'고 탄식했다. 마융은 정현이 명성을 드날리게 될까봐 두려워하여 마음속으로 그를 시기했다. 정현 역시 마융이 추격해 올 것이라고 의심하여, 다리 아래에 앉아 물 위에서 나막신을 허리에 대고 있었다. 마융은 과연 점판[式]을 돌리면서 그를 뒤쫓다가 좌우 사람들에게 고하길, "정현은 땅 아래 물 위에서 나무에 기대어 있으니 이것은 필시 죽은 형상이다"라고 하고는 마침내 추격을 그만 두었다. 정현은 이렇게 하여 결국 화를 면할 수 있었다. [12]

『춘추좌전』에서 초구가 자신의 해석방법을 설명하지 않아서 마융이 어떻게 정현의 상태를 파악했는지는 알 수 없다. 그러나 비록 점판[式]이라는 도구를 사용하였지만, 〈다리 아래〉〈물 위〉〈허리의 나막신〉을 〈땅 아래 물위〉〈나무에 기대어〉로 해석하여 정현이 죽은 형상이라고 판단하는 방식에는 여전히 점판의 물상을 구상으로 해석하는 상수역의 전통을 보여준다. 이것으로 보아 당시의 상수역은 단지 역을 해석하는 하나의 이론이 아니라 구체적 사물이나 사건을 직접 지시하거나 설명하는 실용적인 학문이었음을 알 수 있다.

왕필은 이에 반해 역의 경문이 반드시 구상과 연결될 필요는 없다고 본다. 괘상은 물상으로 표현되고, 물상은 구체적인 대상을 지시하

---

12 明夷于飛 垂其翼 君子于行 三日不食 有攸往 主人有言(明夷卦 初九)

는 것이 아니라 말하고자 하는 뜻[意]을 지니고 있으므로 그 뜻을 파악하면 상(象)은 버려도 된다는 것이다. 그러므로 왕필역에서는 「역경」의 뜻을 파악하는 것이 핵심이며, 이 뜻은 유가적 의리(義理)와 통하기 때문에 그의 역 해석방법을 의리역이라고 한다.

4. 역(易)의 은유를 의리(義理)로 해석

왕필의 「주역약례(周易略例)」는 그의 『주역주』 말미에 붙어 있다. 「주역약례」는 『주역』에 관한 최초의 논문이라고 할 수 있으며, 그의 역학관을 보여주는 명문이다. 그는 「역경」을 단(彖)과 효(爻)와 괘(卦) 그리고 상(象)과 위(位)라는 개념을 중심으로 역의 의미를 밝히고 있다.

(1) 단(彖)을 해명함 : 변화의 중심

단(彖)은 하나의 괘 전체 상황을 설명하는 괘사를 말하기도 하고, 이 괘사를 풀이한 「단전(彖傳)」을 말하기도 한다. 하나의 괘는 여섯 효라는 개별적인 상황으로 이루어져 있지만 이 이질적인 상황들을 통합시켜주는 역할은 여섯 효를 합친 괘이며 괘명은 이 괘의 뜻이다. 즉 여섯 효는 괘명을 통해 서로의 공통점을 지닌다. 그러므로 「단전」에서는 이 괘명을 풀이하거나 괘사의 판단이 나오게 되는 근거를 특정한 위치에 있는 음효(--, 柔)나 양효(―, 剛)를 중심으로 설명하거나, 〈하늘〉〈바람〉〈해[日]〉〈땅〉 등의 물상의 관계로 설명한다. 예를 들어 택화혁(澤火革, ䷰)은 "물과 불이 서로를 사라지게 하고, 두 여자가 함께 머무르니 그 뜻을 서로 얻을 수 없어서 혁(革)이라 한다."[13] 하고, 택천쾌(澤天夬, ䷪)는 "쾌는 결단함이다. 강함[剛]이 부드러움[柔]을 결단하는 것이다."[14] 라고 한다.

  왕필은 〈물〉과 〈불〉과 같은 물상(物象)보다 여섯 효를 하나로 묶어 끌어올릴 수 있는 중심효[主爻]를 통해 괘의 통일성을 보여주려 한다. 그는 "대저 단(彖)이란 무엇인가? 하나의 괘 전체 상황을 통론한 것이고, 이 뜻이 생겨나게 되는 중심(또는 主爻)을 밝힌 것이다."[15] "무리는 무리를 다스릴 수 없으니, 무리를 다스리는 것은 지극히 적은 것이다. 움직임은 움직임을 제어할 수 없으니, 천하의 움직임을 제어하는 것은 바로 저 하나[一]이다"[16] 고 한다. 마치 『노자(老子)』의 "하늘은 이 하나를 얻어 맑고, 땅은 이 하나를 얻어 편안하고, 귀신은 이 하나를 얻어 신령스럽고, 골짜기는 이 하나를 얻어 가득 차고, 만물은 이 하나를 얻어 살아가고, 왕은 이 하나를 얻어 천하의 모범이 된다. 그들이 이른 곳은 하나이다."[17] 를 연상시킨다. 노자의 〈하나〉와 왕필의 〈하나〉의 차이는 노자는 도(道)의 다른 이름인 무(無)를 하나라 하였고 왕필은 특정한 하나의 효인 유(有)를 하나라고 하였다.

---

13 水火相息, 二女同居, 其志不相得 曰革(革卦, 彖辭)

14 夬決也, 剛決柔也(夬卦, 彖辭)

15 夫彖者何也, 統論一卦之體, 明其所由之主者也,(「周易略例」 明彖)

16 夫衆不能治衆, 治衆者至寡者也. 夫動不能制動, 制天下之動者, 貞夫一者也,(「周易略例」 明彖)

17 天得一以淸, 地得一以寧, 神得一以靈, 谷得一以盈, 萬物得一以生, 侯王得一以爲天下貞, 其致之一也,(『老子』 39章)

그러므로 통솔하는 것으로부터 살펴보면 사물은 비록 많지만 하나를 잡아서 제어할 수 있음을 알고, 근본으로부터 관찰하면 뜻은 비록 넓지만 하나의 이름으로 들어 올릴 수 있음을 안다.[18]

왕필의 이 〈하나〉는 어떤 괘에 다섯 양(陽)에 하나의 음(陰)이 있는 경우 하나의 음이 주효(主爻)가 된다. 「역경」 자체에 양을 높이고 음을 낮추는 사상[陽尊陰卑]이 있지만, 변화의 중심이 늘 양이 되는 것은 아니다. 많은 것을 다스리는 것은 적은 것이기 때문에 만약 음이라 하더라도 희소할 경우 변화를 이끌어가는 중심이 된다. 그리고 맹자가 역사의 변화는 일치일란(一治一亂)이라고 하였듯, 「역경」에서도 음양이 교대로 세력을 확장함을 보여준다. 왕필의 주효설(主爻說)은 이 여섯 효의 복잡한 변화 속에서 그 중심을 찾는 것으로 이 주효는 양이 될 수도 있고, 음이 될 수도 있다.

(2) 효(爻)는 변화에 통함을 밝힘 : 변화의 상위성(相違性)과 예측불가능성

효란 변화를 말하고 변화를 일으키는 것은 정(情)과 위(僞)이다.[19] 정과 위의 뜻은 「계사전」에 의하면 이익과 손해를 일으키는 감응관계이다.[20] 정으로 사물에 감응하면 이익을 얻고 위로 감응하면 손해에 이른

---

[18] 故自統而尋之, 物雖衆則知可以執一御也. 由本以觀之, 義雖博則知可以一名擧也.(「周易略例」明彖)

[19] 대저 효란 무엇인가? 변화를 말한다. 변화란 무엇인가? 정(情)과 위(僞)가 하는 일이다.(夫爻者何也, 言乎變者也. 變者何也, 情僞之所爲也.「周易略例」明爻通變)

[20] 정(情)과 위(僞)가 서로 감응하여 이익과 손해가 생긴다.(正僞相感而利害生,「繫辭傳」下12장)

다. 사물을 느껴 움직이는 정은 하나이지만 이익과 손해라는 결과를 두고서 정(情)과 위(僞)로 구분하였던 것이다. 왕필은 「계사전」의 정위(情僞) 관념을 받아들이면서 이 정위에 의해 일어나는 변화를 다시 둘로 분석하는데 하나는 효 자체의 변화이고, 또 하나는 다른 효와의 감응에 따른 변화이다.

먼저 효 자체의 변화를 살펴보면, 하나의 효는 음효(--) 아니면 양효(—)이다. 음은 양으로 변하고, 양은 음으로 변하는 것이 효 자체의 변화이다. 이것을 왕필은 "형체가 조급하면 고요함을 좋아하고, 바탕이 유약하면 강함을 사랑하여서 본질과 현상이 반대가 되고, 본바탕과 원하는 것이 어긋난다"[21]고 하였다. 혹은 "삼군(三軍)을 능멸하는 사람이라도 간혹 조정의 의례에서는 두려워하고, 포악한 무인(武人)이라도 주색의 즐거움에서 곤란을 겪는다"[22]일처럼 자신의 모습과 반대인 것을 사랑하거나 드러난 모습과 숨겨진 모습이 서로 어긋나는 것이다. 한편 "왕이 거처하는 높은 지대뜰에서 길게 탄식하며, 깊은 골짜기는 반드시 채워진다"[23]는 『노자』의 "반대로 움직이는 것이 도의 움직임이다"[24]를 연상시키는데 이 또한 "한번 음이 되고 한번 양이 되는 것이 도"[25]라는 역(易)의 변화원리를 나타낸다.

---

21 形躁好靜, 質柔愛剛, 體與情反, 質與願違.(「周易略例」明爻通變)
22 陵三軍者, 或懼於朝廷之儀, 暴威武者, 或困於酒色之娛.(「周易略例」明爻通變)
23 隆墀永歎, 遠壑必盈.(「周易略例」明爻通變)
24 反者道之動(『老子』40章)
25 一陰一陽之謂道(「繫辭傳」上 5章)

하나의 효가 변증법적 모순을 지니고 있듯이 다른 효와의 감응에 따른 변화 역시 역설적 상황을 초래한다. 예를 들면 "가까운 이에게 잘 해주는데 먼 곳의 사람이 다가오고, 궁(宮)소리를 부르는데 상(商) 소리가 응답하거나, 아래를 닦는데 높은 곳에서 내려오고, 저 사람에게 주는데 이 사람이 복종하는"[26] 상황이 일어나는 경우이다. 왕필은 이와 같은 변화의 상위성(相違性)은 "정과 위가 서로 감응하여 멀고 가까운 것이 서로를 쫓고, 사랑하고 미워하는 것이 서로 공격하며, 굽히고 펴는 것이 서로를 밀쳐내기"[27] 때문이라고 한다.

왕필은 자체적 변화나 감응에 따른 변화나 모두 상위성을 지닌다고 하면서도 이 변화는 예측불가능하다고 한다. "대저 정(情)과 위(僞)의 움직임은 수(數)로 구할 것이 아니다"[28] 라거나 "뛰어난 천문학자라 하더라도 그 산수(算數)를 정할 수 없으며, 성인의 지혜로움이라 하더라도 법칙을 만들 수 없다"[29] 는 말은 다분히 상수역을 염두에 둔 것이다. 상(象)과 수(數)로써 다가올 미래를 예측했던 상수역에 대해 왕필은 변화의 심리적 상태나 상위성이 일어나는 원리는 알 수 있지만 이것을 수로 환원시켜 계산할 수는 없다는 것이다. 왕필이 상수역을

---

26 有善邇而遠至, 命宮而商應, 脩下而高者降, 與彼而取此者服矣.(「周易略例」明爻通變)

27 情僞相感, 遠近相追, 愛惡相攻, 屈伸相推.(「周易略例」明爻通變) 왕필의 이 설명은 「繫辭傳」 下 12章의 "사랑과 미움이 서로를 공격하여 길흉이 생기고, 멀고 가까움이 서로를 취하여 뉘우침과 인색함이 생기고, 정위 위가 서로 감응하여 이익와 해로움이 생긴다(愛惡相攻而吉凶生, 遠近相取而悔吝生, 情僞相感而利害生)를 편집한 것으로 그는 '以傳解經'이라는 역 해석원칙을 언제나 고수하고 있다.

28 夫情僞之動, 非數之所求也.(「周易略例」明爻通變)

29 巧歷不能定其算數, 聖明不能爲之典要.(「周易略例」明爻通變)

비판하는 관점은 상(象)을 해명하는 곳에서는 언어의 문제로 접근하여, 상수역에서 그렇게 소중하게 취급하는 상(象)은 뜻을 나타내려는 것이므로 만약 뜻을 이해했다면 상(象)은 버려도 된다는 것이었다. 왕필이 여기에서 상수역을 비판하는 관점은 심리적 상황은 계산 불가능하다는 것이다. 하나의 사물이나 상황에 일어나는 변화의 조건이 너무도 많고 복잡하다는 것으로, 한 사람을 구성하는 복잡한 심리적 조건이 모두 상반된 움직임을 지닐 뿐만 아니라 외부와의 상응관계 또한 어느 곳에서 감응이 이루어질 것인지 알 수 없다는 것이다. 그러나 모든 사물은 정(情; 감응)에 따라 움직인다는 단순한 사실은 부정하지 않는다.

(3) 괘(卦)가 변하여 효(爻)에 통함을 밝힘 : 역(易)의 시간성

왕필은 괘는 어떤 시간적 상황[時]을 나타내며 효는 그 시간적 상황으로 나아가는 변화라고 한다.[30] 괘와 효의 관계를 보는 그의 관점은 역이 〈변화〉라는 뜻을 지니듯이 역의 시간성을 나타낸다. 시간성이란 표현을 쓰는 이유는 역법(曆法)의 시간과 차이를 두기 위해서이다. 아무런 내용을 지니지 않는 빈 공간으로서의 분할된 시간이 아니라 역의 시간[時]은 독특한 내용을 담고 있다. 각각의 괘명(卦名)은 이러한 시간적 특성을 보여주는 것으로 왕필은 그것을 "대저 막히고[否] 크게 통하는[泰]는 때[時]가 있기 때문에 행동하거나 숨거나 하는 일이

---

30 夫卦者時也, 爻者適時之變者也, (「周易略例」 明卦適變通爻)

있다"[31]고 한다. 괘가 드러내는 어떤 시간적 특징은 어떤 행위를 수반하는데, 64괘의 모든 상황은 그 상황에 맞는 행위를 요구하는 것이다. 그러므로 어떤 행위 방식이 반드시 옳다는 주장을 할 수 없으므로 "쓰임에 있어서 한결같은 도(道)는 없으며, 일에 있어서 일정한 궤도는 없다. 움직이고 고요하고 굽히고 펴고 하여 오직 변하여 나아갈 뿐이다."[32] 그럼에도 불구하고 "한 때의 제약은 시간이 흘러 반대로 쓸 수가 있으며, 한 때의 길함은 반대로 흉할 수 있다. 그러므로 괘는 반대로 움직이고 효 또한 모두 이에 따라 변한다."[33]

역의 시간이 어떤 특정한 내용을 지닌다는 것은 「계사전」에 근거를 두고 있다. "역의 특성은 처음의 근원을 찾고 마치는 끝 지점을 구하는 것을 바탕으로 삼는다. 여섯 효가 서로 섞이는 것은 오직 그 시점의 사물이다."[34]에서 보듯 처음과 끝을 찾는 〈원시반종(原始反終)〉은 시간적 특성을 구별하는 방법으로, 시작과 끝을 찾고 전개과정을 보여주는 것이 괘와 효이다. 그러므로 왕필은 "그 괘에 이름을 붙이면 길흉이 그 동류를 따라 나오고, 그 때[時]를 보존하면 움직임과 고요함이 그 작용에 응한다"[35]고 한다. 〈겸손함〉과 〈친밀함〉을 나타내는 겸괘(謙卦)와 비괘(比卦)는 그 이름에서 길함이 따라 나오고, 〈절름발이〉

---

31 夫時有否泰, 故用有行藏. (「周易略例」 明卦適變通爻)
32 用无常道, 事无軌度. 動靜屈伸, 唯變所適. (「周易略例」 明卦適變通爻)
33 一時之制, 可反而用也. 一時之吉, 可反而凶也. 故卦以反對, 而爻亦皆變. (「周易略例」 明卦適變通爻)
34 易之爲書也, 原始要終, 以爲質也. 六爻相雜, 唯其時物也. (「繫辭傳」 下 9章)
35 名其卦則吉凶從其類, 存其時則動靜應其用. (「周易略例」 明卦適變通爻)

와 〈벗겨짐〉을 뜻하는 건괘(蹇卦)와 박괘(剝卦)는 그 이름에서 흉함이 따라 나온다. 그리고 〈움직임〉을 나타내는 진괘(震卦)의 때에는 움직임이 그 작용에 상응하고, 〈그침〉을 나타내는 간괘(艮卦) 때에는 고요함이 그 작용에 상응한다. 그러므로 "비록 멀리 떨어져 있지만 움직일 수 있는 것은 그 응함을 얻어서이고, 비록 험난하지만 머무를 수 있는 것은 그 때를 얻어서이다."[36]

(4) 상(象)을 밝힘 : 역(易)의 언어와 의미

상의 뜻을 밝히는 이 부분은 왕필이 한대 상수역을 적극적으로 배척하는 곳으로 언어[言]와 상(象)과 뜻[意]를 중심으로 논의를 펼친다. 흔히 왕필의 언어관을 도가적(道家的)이라고 잘못 이해하는 부분인데 그러한 오해가 일어나는 이유는 논의 중에 『장자』의 올가미와 통발의 비유를 들고 있기 때문이다.

비유하면 올가미는 토끼를 잡는 수단이므로 토끼를 잡으면 올가미는 잊어버리고, 통발은 물고기를 잡기 위한 수단이므로 물고기를 잡으면 통발은 잊어버린다. […] 그러므로 언어에 집착하는 사람은 상(象)을 이해하지 못하고, 상(象)에 집착하는 사람은 의미를 포착하지 못한다.[37]

『장자』「외물편」에 나오는 올가미와 통발의 비유[38]는 언어와 의미

---

36 雖遠而可以動者, 得其應也. 雖險而可以處者, 得其時也.(「周易略例」明卦適變通爻)
37 猶蹄者所以在兔, 得兔而忘蹄. 筌者所以在魚, 得魚而忘筌也. […] 是故存言者, 非得象者也. 存象者, 非得意者也.(「周易略例」明象)

의 관계에 대한 논의인데, 이 비유는 언어와 언어가 지시하는 대상을 지칭하기보다는 「외물편」 전체 맥락에서는 옛 경전의 글귀에 매달리는 유가에 대한 비판과 제한된 지식과 가치를 벗어난 도는 언어적 표현의 한계를 넘어서 있음을 말하고 있다. 왕필은 물론 언어의 한계를 끝없이 지적하는 도가의 언어관을 알고 있었지만, 「상을 밝힘」에서는 상이라는 특수한 표현방식을 사용하는 『주역』의 언어관을 설명하고 있기 때문에 이 비유는 『장자』에서 인용했다 하더라도 그 의미를 『주역』 내에서 이해해야 한다.[39]

왕필은 역의 언어[言]와 상은 의미[意]를 드러내는 수단으로 이해한다. 언어[言]란 괘효사를 말하고, 상이란 괘효사 가운데 〈말[馬]〉〈용(龍)〉〈소[牛]〉〈구름〉〈비[雨]〉〈우레〉〈바람〉 등의 물상(物象)과 이들 물상과 연관된 괘상을 말한다. 뜻[意]은 상이 말하고자 하는 내용이다. 일반적으로 언어와 지시대상과의 관계에서 뜻이 발생하는 것과는 달리 『주역』에는 특유의 상이라는 표현방식이 있는데, 이 상은 점서(占書)라는 『주역』의 특수성에서 발생한 것이다. 앞서 『좌전』이나 상수역에서 구체적 대상이나 사건을 지시하는 방식에서 이 상을 사용하는 것을 보았다. 상이 일반 언어와 다른 차이점은 다의성이다. 「설괘전」의 8괘 물상처럼 건(乾, ☰)은 〈하늘〉〈둥근 고리〉〈군주〉〈추위〉〈얼음〉〈좋은 말〉 등의 다중적인 의미를 지닌다. 그리고 일반적 언어사용에서

---

[38] 『장자』 원문은 다음과 같다. "통발은 목적이 물고기를 잡는데 있으므로 물고기를 잡으면 통발을 잊어버린다. 올가미는 목적이 토끼를 잡는데 있으므로 토끼를 잡으면 올가미를 잊어버린다. 언어는 목적이 의미에 있으므로 의미를 포착하면 언어는 잊어버린다. 나는 어떻게 하면 언어를 잊어버린 사람을 만나 더불어 말을 할 수 있을까?"

[39] 구미숙, 「왕필의 得意忘象에 관한 연구」, 『대동철학』 제42집, 2008.3, 17-18쪽.

말[馬]은 동물로서의 말을 지시하는 것이지만 상(象)으로서의 말은 동물뿐만 아니라 〈말과 같은 강건함을 지닌 사람〉 또는 〈그 행위방식〉을 나타낸다. 경문을 해석할 때에는 일반 언어가 아닌 상으로 해석해야만 한다. 그러므로 경문은 다중적 의미 때문에 늘 모호한 은유로 다가서는데, 왕필은 이 모호함을 하나의 공통된 뜻으로 물리친다. 즉 상은 어떤 공통된 뜻을 지니는데, 예를 들면 건(乾, ☰)은 〈강건함[健]〉이라는 공통속성을 지닌다는 것이다. 때문에 〈강건함〉이라는 뜻을 파악했다면, 이 뜻에 해당하는 사물은 반드시 말[馬]일 필요는 없다는 것이다.

> 뜻이 진실로 굳셈에 있다면 반드시 말[馬]일 필요가 있겠는가? 한 부류의 유사성이 진실로 유순함에 있다면 반드시 소[牛]일 필요가 있겠는가? 효(爻)의 의미가 진실로 유순함에 부합한다면 반드시 곤(坤)이어야 하고 이에 소[牛]여야 할 필요가 있으며, 뜻이 진실로 굳셈과 상응한다면 반드시 건(乾)이고 이에 말[馬]일 필요가 있겠는가?[40]

상수역의 복잡함은 8괘 물상을 견고히 지키는데서 발생한다. 왕필은 당시 상수역에서 호체(互體) · 괘변(卦變) · 오행(五行) 등 『주역』에 있지 않은 복잡한 이론을 끌어들이는 것을 비판하였다. 그는 그 이론들에서는 어떤 합리적 해석을 찾을 수 없다고 보았는데, 이들 견강부회한 이론들은 「설괘전」의 8괘 물상을 고집스럽게 지키기 때문에 발생한 것이다.

---

[40] 義苟在健, 何必馬乎. 類苟在順, 何必牛乎. 苟合順, 何必坤乃爲牛, 義苟應健, 何必乾乃爲馬. (「周易略例」 明象)

어떤 사람은 건(乾)에 말[馬]이란 의미를 정해두고서는 경문을 살펴 이에 부합하지 않으면 괘를 뜯어고치고, 말[馬]이란 글자는 있지만 건(乾)이 아닐 경우 엉터리 설명을 장황하게 늘어놓는데 법칙이라 하기가 어렵다. 호체(互體)도 부족하여 드디어 괘변(卦變)에 이르고, 괘변도 부족하여 이제는 오행까지 유추하니, 한번 그 근원을 잃게 되면 더욱 더 교묘하게 된다. 설사 다시 간혹 의미가 통하는 곳이 있다하더라도 참된 의미를 찾을 수는 없다. 대개 상을 보존하고 뜻을 잊었기 때문이다. 상을 잊음으로써 그 뜻을 구한다면 여기서 말하는 뜻을 이해할 수 있을 것이다.[41]

왕필은 역의 독특한 언어인 상은 의미[意]를 드러내기 위한 것이고, 이 의미를 알았으면 상은 버려야 한다고 말한다.

대저 상이란 의미를 드러내는 것이다. 언어란 상을 밝혀주는 것이다. 의미를 다 드러내는 데는 상보다 나은 게 없고, 상을 다 드러내는 데는 언어보다 더 나은 게 없다. […] 그러므로 언어란 상을 밝히는 수단이므로 상을 얻으면 언어를 잊고, 상이란 의미를 보존하는 수단이므로 의미를 얻으면 상을 잊는다.[42]

상수역의 복잡한 이론은 물상에 대한 고집과 이들 물상을 구체적

---

[41] 或者定馬於乾, 案文責卦, 有馬无乾, 則僞說滋漫, 難可紀矣. 互體不足, 遂及卦變, 變又不足, 推致五行, 一失其原, 巧愈彌甚. 縱復或値, 而義无所取. 蓋存象忘意之由也. 忘象以求其意, 義斯見矣.(「周易略例」明象)

[42] 夫象者出意者也. 言者明象者也. 盡意莫若象, 盡象莫若言. […] 故言者所以明象, 得象而忘言. 象者所以存意, 得意而忘象.(「周易略例」明象)

사건과 연관시키는데서 발생하였다. 「역경」의 언어를 구상(具象)과 연결시키는 것은 「역경」이 원래 점을 치기 위한 도구였다는 것을 감안할 때 「역경」-『좌전』-상수역이라는 흐름은 왕필 당시까지 역을 해석하는 주된 흐름이었다. 왕필은 이 흐름을 단호하게 물리치고서 의리역이라는 전통을 수립하였던 것이고, 그 주된 토대는 '뜻을 얻으면 상을 잊는다'는 〈득의망상(得意忘象)〉에 있었다.

(5) 자리[位]를 분별함 : 역(易)의 존비(尊卑) 관념

자리[位]란 여섯 효가 머무는 곳이다. 아래의 초효(初爻)부터 가장 위 상효(上爻)까지 여섯 자리가 있어서, 홀수인 초효·삼효·오효는 양의 자리가 되고, 짝수인 이효·사효·상효는 음(陰)의 자리가 된다. 그러나 경문(經文)을 검토해 볼 때 왕필은 "초효와 상효는 일의 시작과 끝이지 음양의 바른 자리는 아니다"[43]고 한다. 예를 들면 건괘(乾卦) 상구(上九) 효사에 "귀하지만 지위가 없다(貴而无位)"는 표현 등이 그 근거이다. 그리고 자리[位]란 단지 여섯 효의 위치를 가리키는 것이 아니라 자신의 능력과 사회적 존비관계를 나타내는 지위라는 것이다.

대저 자리란 귀하고 천한 지위를 펼쳐 놓은 것으로 재능이 쓰이기를 기다리는 집이다. 효라는 것은 자리의 분수를 지키는 직책이어서, 귀천의 질서에 응한다. 자리에는 높고 낮음이 있으며 효에는 음양이 있다. 높은 곳은 양이 머무는 곳이고 낮은 곳은 음이 밟는 곳이다. 그러므로 존귀함은 양의 자리가 되고 비천함은 음의 자리가 된다.[44]

---

43) 初上者, 是事之終始, 无陰陽定位也. (「周易略例」辯位)

왕필, 『주역약례(周易略例)』

왕필은 경문을 해석할 때 상수보다 윤리적 의미[義理]에 중심을 둔다. 이 해석의 토대에는 각 효의 위치에 이미 음양존비관념이 있을 뿐 아니라 음양의 자리에 음양이 바르게 오는 정당함[正]과 그렇지 못한 부당함[不正]이 있다. 이것은 왕필 의리역이 유가적 기반을 갖는다고 말할 수 있는 부분이다.

5. 노장(老莊)과 공자(孔子)의 경계

왕필역은 흔히 도가역(道家易)으로 평가받는데, 그가 『노자주』를 쓰고 득의망상(得意忘象)에서처럼 『장자』를 인용하는 등에서 그의 도가적 성향은 알 수 있다. 그러나 『주역주』를 읽어보면 기대와는 달리 왕필이 노장의 무(無)나 무위관념을 거의 쓰지 않는다는 것을 발견한다. 경문해석에서는 유일하게 복괘(復卦, ䷗) 단사(彖辭) 해석에서만 모든 변화의 근본을 〈고요하고 지극한 무(無)〉라고 한다.

복(復)이란 근본으로 되돌아감을 말한다. 천지는 근본을 마음으로 삼는다. 무릇 움직임이 그치면 고요하지만 고요함은 움직임의 상대가 아니다. 말이 그치면 침묵하지만 침묵은 말의 상대가 아니다. 그런 즉 천지가 비록 크고 풍요롭게 만물을 소유하지만 우레가 치고 바람이 부는 자연의 운행 변화는 고요하고 지극한 무(無)가 그 근본이다. 그러므로 움직임이 땅 속에서 그치면 이에 천지의 마음이 드러난다. 만약 천지가 유(有)로

---

[44] 夫位者, 列貴賤之地, 待才用之宅也. 爻者守位分之任, 應貴賤之序者也. 位有尊卑, 爻有陰陽, 尊者陽之所處, 卑者陰之所履也. 故以尊爲陽位, 卑爲陰位. (『周易略例』辯位)

마음을 삼으면 많은 이질적인 종류들을 모두 다 보존할 수는 없다.[45]

이외의 해석에서는 전혀 도가적 관념이 전혀 쓰이지 않을 뿐 아니라 오히려 그의 의리적 해석은 지극히 유가적(義理的)이라고 느껴진다. 그의 해석방법이「역전」으로「역경」을 해석하는 방식을 취했기 때문인데,「역전」의 유가적 성격을 그는 온전히 받아들이고 있다. 유가적이라고 하는 것은 상하존비관념으로 현상을 바라보고 유가적 질서관념을 따르는 것이다. 왕필의『주역주』는 이것을 벗어나지 않는다. 그래서 그의 역을 유가역이라 하더라도 전혀 지나치지 않다. 왕필의 의리역 전통을 송대 정이(程頤)가 온전히 답습하여 후대에 끼친 영향을 생각할 때 그는 유가역의 수장이 된다.

그러나 왕필은 여전히 도가철학자임을 부인할 수도 없다. 그는「계사전」의 대연지수(大衍之數) 해석에서 무(無)는 유(有)에 의해서만 밝힐 수 있다고 하여 도가와 유가가 본질과 현상의 관계를 이루는 것처럼 생각한다.

대저 무(無)는 무(無)로 밝힐 수는 없다. 반드시 유(有)에 말미암아야 된다.[46]

45　復者反本之謂也. 天地以本爲心者也. 凡動息則靜, 靜非對動者也. 語息則黙, 黙非對語者也. 然則天地雖大富有萬物, 雷動風行, 運化萬變, 寂然至无, 是其本矣. 故動息地中, 乃天地之心見也. 若其以有爲心, 則異類未獲具存矣.(魏 王弼 注, 唐 陸德明 音義, 孔穎達 疏,『周易注疏』, ≪中國易學大系≫, 驪江出版社, 1987, 7쪽-398下~7쪽-399上)

46　夫无不可以无, 明必因於有.(왕필, 위의 책, 7쪽-536上.)

무는 무 자체로 드러날 수 없다. 반드시 유를 통해 무를 밝힐 수 있을 뿐이다. 그러나 도가적 무위가 반드시 유가적 유위를 통해 드러나는 것은 아니다. 왕필의 유무론은 마치 유가의 본질이 도가이고, 도가의 현상이 유가인 것처럼 잘못 이해될 가능성이 있다. 나아가 공자는 무를 체득했기 때문에 유만을 말했을 뿐이지만 노장은 여전히 유에 머물러 있기 때문에 말할 수 없는 무를 말하였다고 하는 것은 오히려 더욱 오해의 소지를 불러일으킨다. 유가의 예제문화(禮制文化)는 도가의 순박함을 상실한 군더더기일 뿐인데 왕필은 세속적 삶을 지배하는 유가적 질서관념을 결코 부정한 것으로 보이지는 않는다. 그래서 왕필은 노장과 공자 양쪽을 모두 잡고 있는 경계인이라 할 수 있다.

『예기(禮記)·악기(樂記)』
― 사람의 마음을 정시(正視)하니 세상이 달리보이다

김승룡

김승룡은
고려대학교에서 문학박사 학위를 받았다. 지금은 부산대학교 한문학과 교수로 재직하고 있다.『한국 한문학 연구의 새 지평』,『고려 후기 한문학과 지식인』,『옛글에서 다시 찾은 사람의 향기』등의 저서가 있으며『악기집석』,『우붕잡억』,『매천야록』,『삼명시화』등을 번역했다.
laohu99@pusan.ac.kr

1. 다시 『악기(樂記)』를 보면서

『악기』를 오늘날 거론하는 이유는 무엇일까? 말미에 다시 언급하겠지만, '악(樂)'이 갖는 의미가 더욱 요구되는 세상을 살고 있는 데에 그 이유가 있을 터이다. 아주 개인적인 경험이지만, 나는 그동안 악(음악)을 하는 것은 비정상이거나 열등한 것으로 간주되는 것을 경험하면서 자라왔다. 흔히 '딴따라'로 비칭되는 음악인은 이른바 '공부 못하는 아이'들의 탈출구로 여겨진 것이 저간의 상황이었다. 지금도 별반 차이가 없을 듯하다. 자신의 아이가 음악을 공부하겠다고 하면, 무엇보다 돈이 많이 든다는 이유로, 나아가 돈을 벌기 힘들다는 이유로 우선 말리고 보는 것이 부모들의 마음이다. 자식을 애틋하게 여기는 마음은 차치하고, 일단 음악을 하는 것 자체가 시원찮아 보인다는 것이다. 그래서 지금도 음악을 하는 사람들은 외롭고 배고프다. 엔간한 인내와 의지가 아니면 견디기 어려울 정도로, 그들이 놓인 주변 상황은 녹록치 않다.

한편, 동아시아 고전시대에도 악은 늘 주변부였다. 아니 고전 자체에서도 악은 소수자에 불과했다. 또한 악을 다루는 사람들은 누군가의 지시와 명령에 따르는 수동적인 삶을 살고 있었다. 만일 독자적인 영역을 확보하고자 한다면, 그는 세상 밖에서 '기인'으로 살거나 '소외된 이'로 살아야 했다. 공자는 음악을 배우기 위해 마을 밖에 혼자 기인으로 살고 있는 이를 찾아가야 했다. 사람의 발길이 끊긴 집을 방문하여 진심으로 갈구하는 공자에게, 그는 마음을 열고 금(琴)을 타며 악을 가르쳐주었다. '세상 밖'이란 합리와 이성이 간여하지 않는, 또다른 세상이었다. 바로 그 지점에 '악'이 있었다. 지금도 그렇다. 비록 '세상 안'에서 소용되는 악 또한, 세상의 비위를 충족시키기 때문일 뿐이요, 자신만의 논리를 고집하는 악은 세상에서 소외되기 십상이다.

'악'이란 본래 세상과 거리를 두고 있었다는 것으로 '악'을 하는 이들을 위로하고 싶지는 않다. 그 마음이 혹여 '악'이 세상에서 소외됨을 정당화시켜줄 위험이 있기 때문이다. 그런데 고전을 들춰보면, '악'은 본래 세상과 거리를 두고 있던 것도, 소외된 것도 아니었음을 확인하게 된다. 바로 『악기』에게서 그것을 본다.

2. 『악기』는 어떤 책인가 : 단독으로 존재하지 못한 삶

『악기』의 주된 내용은 예악을 통한 교화를 어떻게 구현할 것인가, 과연 그 의미는 무엇인가 하는 것을 설명하는 데 있다. 음악을 위한 구체적인 도수(度數)를 잃었으니 악의 근본을 잃었다고 논의한 이도 있었지만, 사실 그 안에 '도수' 이상의 정미한 논지가 없지는 않다. 그래서 유협(劉勰)은 『악기』에 기대어 『문심조룡(文心雕龍)』을 논의했고, 주희(朱熹)도 이것을 인용하면서 『시집전(詩集傳)』을 서술했다. 『문심조룡』과 『시집전』은 동양의 고전문예미학의 핵심서라는 점에서 이들이 모두 『악기』를 주목했다는 점은 시사하는 바가 크다. 『악기』는 46편으로 구성된 『예기』의 한 편에 불과하지만 비교적 후세 사람들의 주목을 받았던 편이었다.

송나라의 정이(程頤)는 『예기』에서 '대학(大學)'과 '중용(中庸)'을 제외하고, 오직 '악기' 만이 성인의 도에 가깝다고 하였다. 흔히 사서로 불리는 책들과 같은 반열로 평가한 것이다. 성리학자였던 그의 평가는 더욱 영향력이 있었다. 그러나 뒷날 『악기』에 수렴된 문장이 어디에서 나왔는지를 논의하는 과정에서, 그것들의 원천이 불분명하기도 하고, 더러는 잡박하여 분명하지 않은 부분이 확인되기도 하였다.

『한서(漢書)』를 지은 반고(班固)는 한나라 무제 때 하간헌왕 유덕(劉德)이 '악기'를 지었고, 유향(劉向)이 교서(校書)하여 '악기'를 얻었다고 했다. 그런데, 유덕의 '악기'와 유향의 '악기'(23편) 사이에, 이들이 별개의 책인지 아니면 서로 관련이 있는지는 분명하지 않다. 또한 정현(鄭玄)은 '악기'의 이름을 『별록(別錄)』에서 확인하였다면서 대략 11편으로 이뤄진 '악기'가 있다고 언급했다. 적어도 '악기'와 관련하여 한나라 때만도 3종의 텍스트가 기록되어 있는 것이다.

'악기'의 저자와 관련하여서 양나라 심약(沈約)은 공손니자(公孫尼子)가 지었다고 했고, 당나라 공영달(孔穎達)은 반고와 정현의 학설을 취하여 '악기'는 유향 이전에 23편 가운데 11편을 뽑아서 이뤄졌다고 했다. 그 뒤에 『사기정의』를 지은 장수절(張守節)은 공영달의 논의를 마치 정현의 본의인 양 다루었고 이것은 정설처럼 굳어져다. 현재 『악기』(『예기』 속의)는 11편으로 구성되어 있다. 뒷날 공자의 제자인 자공(子貢)이 지었다는 학설도 있고, 자하(子夏)가 지었다는 주장도 나오는데, 이는 『악기』 안에 이들이 등장하기 때문이다. 혹은 『순자·악론(樂論)』 가운데 뽑아서 '악기'를 만들었다는 학설도 있었다. 여전히 『악기』의 저자가 누구인지는 분명하진 않다.

그러나 수많은 학설 가운데 억설은 차치하고라도 『악기』 텍스트에 대하여 교증(校證)을 하였던 현대학자 왕몽구(王蒙鷗)의 견해에 의하면 『악기』에 수록된 내용들의 원천 자료의 연원으로나 사상체계 및 서술형태로 보면, 진한 제자(諸子)들이 음악에 대하여 남긴 문장들을 모아 집성해 이룬 것이 『악기』라고 하며, 그 수록된 저작들의 시대적 범위는 전국시대에서 한나라(유흠劉歆의 시대)까지 걸쳐 있다고 한다.

실제 『악기』에 수록된 내용을 보면, 1/3은 『순자·악론』과 겹친다. 『여씨춘추(呂氏春秋)』, 『회남자(淮南子)』도 적지 않다. '의리'로부터 본다면 『서경』, 『한시외전』, 『시경』의 대서(大序), 『주역·계사전(繫辭傳)』, 『예기·제의(祭儀)』, 『춘추좌전』, 『장자』 외편, 『효경』, 『논어』 등도 관련이 있다. 현재 『악기』 본문은 5,300여자에 불과한데, 「위문후」, 「빈무고」, 「사을」 3편을 제외하면 대부분 위의 책들에서 '집성(集成)'하지 않은 것이 없다.

'사상체계'를 보면 『악기』는 '유(儒)'와 '도(道)'의 결합체이다. 즉 천지에 근본을 두고 음양에 붙이어 사시를 따르고 오행·팔괘와 합일하여 신을 따르고 귀(鬼)에 의거하는 예악론이 하나이고, 인심에 뿌리박고 감물을 주로 하며 정교로 베풀고 윤리·화기(和氣)를 으뜸으로 삼는 예악론이 다른 하나이다. '서술형태'를 보면 앞의 도가적 예악론은 거리낌 없고 수식이 지나치지만, 유가적 예악론은 평실하고 조심스럽게 서술되어 있다.

서한의 애제(哀帝)와 평제(平帝) 사이에 양성형(陽成衡)은 『주례』 및 제자서에 수록된 악사(樂事)에 대한 언술을 찬집하여 '악기'를 지었는데, 이는 모두 23편이었다. 당시 '악경(樂經)'이란 과목을 마련하고 '종률(鐘律)'을 정할 때 지었던 것으로 보인다. 양성형은 악경을 강의하는 박사 혹은 강악대부(講樂大夫)였다. 이 책은 산삭을 거쳐 『사기 · 악서(樂書)』 안에 편입되어 동한까지 전해졌으며, 몇 가지 갈래 가운데 하나가 『예기』 안에 편입되었다. 23편본 '악기'에서 산삭된 문장들이 더러 『설원 · 수문(脩文)』으로 들어가기도 했다. 그것이 『악기』와 어떤 연관이 있는지는 확인할 수 없다.

결국, '악기'란 이름으로 전해지는 기록물, 『악기』는 계통상 『순자 · 악론』-『예기 · 악기』-『사기 · 악서』 등으로 단순하게 계보를 그을 수 있다. 애석하게도 '악'은 단독으로 책을 이루지 못한 채, '순자' '예기' '사기' 등의 안에서 그 생명을 유지할 수 있었다. 훗날 이를 안타까이 여겨 '악경'이란 책이 나왔지만, 모두 위서일 뿐이었다.

3. 『악기』의 구성과 내용 : 예 · 악의 전복을 보다

『악기』(『예기』)는 모두 11편으로 구성되어 있다. 각 편의 제목과 그 내용의 대강을 정리하면 다음과 같다.

제1편 「악본(樂本)」 - 악의 근본

- 악을 악으로 만드는 뿌리는 무엇인가?
- 악의 근원은 사람의 마음이다.
- 그 마음이 외물에 느껴 움직여서 악이 된다.
- 사람을 떠난 악은 존재하지 않는다.
- 참된 악이란 조화로운 마음을 표현한다.

제2편 「악론(樂論)」 - 악에 대한 논의

- 악은 무엇을 할까?
- 악은 화합이요 안(마음)이요, 사랑이다.
- 예는 구별이요 밖(행위)이요, 공경이다.
- 악은 천지의 화해요
- 예는 천지의 질서다.
- 천지에 밝은 뒤에 예악을 일으킬 수 있다.

제3편 「악례(樂禮)」 - 악과 예

- 지치(至治)의 실현자인 성인
- 그 성인이 근거하는 천지.
- 그 천지를 본받은 예악.
- 그 예악이 갖춰지자 세상이 다스려진다.
- 악은 천지의 화해요, 예는 천지의 구별로서
- 악은 만물을 낳고, 예는 만물을 이뤄준다.

제4편 「악시(樂施)」 – 악은 덕의 베품
- 악은 덕성, 곧 인격의 표상이다.
- 시대와 사람마다 악은 다르다.
- 악이 연주되자 덕이 베풀어지고
- 그 소리에 감화되어 사람들은 교화된다.
- 악은 기풍을 옮기고 습속을 바꾼다.

제5편 「악언(樂言)」 – 악이 전하는 말
- 악은 사람의 마음을 규정한다.
- 악은 그곳에 근원하기 때문이다.
- 참된 악이 지닌 화해는
- 그 세계의 평화를 표현한다.
- 난세는 음악(淫樂)을 낳는다.

제6편 「악상(樂象)」 – 악의 상징
- 악은 천지의 조화로운 도를 상징한다.
- 군자는 그 도를 즐거워하고
- 덕으로 피워낸다.
- 그 덕의 꽃이 악이다.
- 악은 마음의 움직임이다.
- 그래서 거짓되이 지을 수 없다.

제7편 「악정(樂情)」 - 악의 감정

- 악은 변할 수 없는 감정, 화합이다.
- 그 악이 실행되자
- 세상 만물은 저마다 생리를 완성하고
- 진정한 조화를 이뤄낸다.
- 가락과 노래와 춤은 둘째 문제요,
- 덕행이 기예보다 우위이다.

제8편 「위문후(魏文侯)」 - 위문후와 자하의 대화

- "고악과 신악은 무엇이 다른가?"
- "고악은 의리를 드러내지만, 신악은 욕망에 빠져듭니다."
- "악과 음은 어떻게 다른가?"
- "천지의 조화를 노래한 덕음(德音)이 악이요,
  음일하여 덕을 해치는 익음(溺音)이 음입니다."
- "성인은 악기로 덕음을 만들며,
  그 소리 듣는 데서 그치지 않습니다."

제9편 「빈무고(賓牟賈)」 - 공자와 빈무고의 대화

- 제1막, 공자의 질문
  "「대무」에서 길게 경계함은 무엇을 상징하나?"
  "끊임없이 이어지는 가락은 왜 그런가?"
  "발을 세차고 급하게 내지를 필요가 있는가?"
  "왼다리 세우고, 오른다리 꿇는 까닭은 있는가?"

"상성(商聲)까지 노래하는 이유는 무엇인가?"

-제2막, 빈무고의 질문

"무위에 한참 있는 것은 무엇 때문인가?"

-에필로그

"악은 성공을 표상한다."

제10편 「악화(樂化)」-악을 통한 교화
-예는 몸을 다스리고, 줄이지만

-악은 마음을 다스리고 채운다.

-악은 즐거움이다.

-그 즐거움이 어지럽지 않고

-세상 인륜이 조화롭기 위해

-악이 세워지고, 베풀어진다.

-악은 천지의 가르침이요, 선왕의 도이다.

제11편 「사을(師乙)」-자공과 사을의 대화
-"사람마다 맞는 노래가 있는가?"

-"당연히 그렇습니다.

-덕성에 맞게 노래부르고

-노래를 따라 덕성도 다져갑니다.

-마음의 기쁨은 말로, 노래로, 차탄(嗟歎)으로

-끝내 춤까지 되며 우리를 휘감습니다."

4. '악기(樂本)' 읽기 : 근본은 마음이다

악기를 이 자리에서 모두 읽는 것은 무리이다. 악기 가운데 가장 핵심이 되는 '악본'편에 대해서 간략하게 키워드를 제시하면서 그 내용의 일단을 음미해보도록 한다.

- **제1절 : 성(聲)·음(音)·악(樂)의 정의**

대개 음의 발생은 인심으로 말미암아 생긴다. 인심의 움직임은 외물이 그렇게 만들어서이다. 인심이 외물에 느껴 움직이면 성으로 드러나고, 성이 서로 호응하여 변화를 낳으며, 그 변화가 문장을 이루면 그것을 음이라고 한다. 음을 나란히 안배하여 악기로 연주하고, 간과 척, 우와 모를 쥐고 춤추면 그것을 악이라고 한다.

凡音之起, 由人心生也. 人心之動, 物使之然也, 感於物而動, 故形於聲. 聲相應, 故生變, 變成方, 謂之音. 比音而樂之, 及干戚羽旄謂之樂.

- '성(聲)'은 자연적으로 발생하는 소리요, '음(音)'은 인위적인 노력이 가해져 이루어진 소리이며, '악(樂)'은 악기(樂器)의 연주에, 춤까지 어우러져 총체적으로 표현된 아트이다. 상황의 즉물성을 넘어서 스토리를 갖추고 이미지까지 갖춘 것, 그것이 '악'인 것이다. 그런데 이들의 근본적인 출발은 사람의 마음이다. '악'의 근원은 '사람', 특히 '마음'이다.

• 제2절 : 여섯 가지 마음은 어떤 성(聲)으로 나오는가?

악은 음, 이것을 말미암아 발생하며, 그 근본은 인심이 외물에 느낌을 받는 데 있다. 그래서 서러운 마음을 느낄 때 그 성은 불안 초조하며 쉽게 쇠약해지고, 즐거운 마음을 느낄 때 그 성은 남김없이 터지며 느긋하고, 기쁜 마음을 느낄 때 그 성은 한껏 피어오르며 퍼져가고, 성난 마음을 느낄 때 그 성은 거칠며 사납고, 공경하는 마음을 느낄 때 그 성은 곧바르며 반듯하고, 사랑하는 마음을 느낄 때 그 성은 온화하며 부드럽다. 이 여섯 가지는 본성이 아니라 인심이 외물에 느낌을 받은 뒤에 움직인 것이다.

樂者, 音之所由生也, 其本在人心之感於物也. 是故其哀心感者, 其聲噍以殺; 其樂心感者, 其聲嘽以緩; 其喜心感者, 其聲發以散; 其怒心感者, 其聲粗以厲; 其敬心感者, 其聲直以廉; 其愛心感者, 其聲和以柔. 六者非性也, 感於物而後動.

- 여섯 가지 마음, 즉 애(哀), 락(樂), 희(喜), 노(怒), 경(敬), 애(愛)는 외부의 자극에 따라 받는 느낌에 달려 있다. 외부의 상황이 서러우면, 그 마음을 따라 입으로 나오는 성(소리)은 불안하고 초조해진다. 이러한 성으로 이뤄지는 음과 악은 서러울 수밖에 없다. 악이 인심에 근원을 두지만 그 인심의 다양한 빛깔은 외부의 상황에 달려 있음을 말하고 있다.

• 제3절 : 예(禮)·악(樂)·형(刑)·정(政)의 귀결점

그래서 선왕은 감각시키는 것을 신중히 하여 예로 백성의 뜻을 이끌고 악으로 백성의 소리를 조화롭게 하며 정으로 백성의 행실을 가지런히 하고, 형으로 백성의 간악함을 막았다. 예, 악, 형, 정, 이것들의 귀결점은 한가지로서 백성의 마음을 하나로 하여 세상 다스리는 도리를 실현한다.

是故先王愼所以感之者, 故禮以道其志, 樂以和其聲, 政以一其行, 刑以防其姦. 禮樂刑政, 其極一也, 所以同民心而出治道也.

- 옛날 선왕이 지닌 치세의 방법은 예(禮)·악(樂)·형(刑)·정(政) 네 가지이다. 각각 합리적 제도, 감성적 융합, 징벌을 통한 엄정, 구체적인 정사 등을 뜻한다. 그런데 이들은 모두 백성들에게 어떻게 느낌을 가져가도록 할 것인가, 즉 어떤 마음을 품도록 할 것인가를 고민하면서 나온 방법이다. 궁극적으로 '마음'을 (바로)잡는 것이 치세의 구체적인 방법이었던 것이다.

• 제4절 : 성(聲)·음(音)은 정치와 통한다

음은 사람의 마음에서 발생한다. 정이 마음속에서 움직여 성으로 드러난다. 그 성이 문장을 이루면 그것을 음이라 한다. 그래서 치세의 음은 안온하고 즐거우니 그 정치가 조화롭기 때문이며, 난세의 음은 원한에 차서 성내니 그 정치가 어그러지기 때문이며, 망국의 음은 비애에 젖어 수심으로 그리워하니 그 백성이 고달프기 때문이다. 성·음

의 도는 정치와 통한다.

凡音者, 生人心者也. 情動於中, 故形於聲. 聲成文謂之音. 是故治世之音, 安以樂, 其政和; 亂世之音, 怨以怒, 其政乖; 亡國之音, 哀以思, 其民困. 聲音之道, 與政通矣.

- 그래서 성(聲)·음(音)은 구체적인 정치행위와 통한다. 이를 치세와 난세, 망국에서 불리는 음을 통하여 검증할 수 있다. 세상의 치란은 그곳 백성의 마음이 즐거운가 슬픈가를 통해 확인할 수 있는 것이다.

• 제5절 : 궁(宮)·상(商)·각(角)·치(徵)·우(羽)가 표상하는 것들

궁은 임금, 상은 신하, 각은 백성, 치는 일, 우는 만물을 상징한다. 다섯 가지가 어지럽지 않으면 어그러지거나 어긋나는 가락이 없을 것이다.

宮爲君, 商爲臣, 角爲民, 徵爲事, 羽爲物. 五者不亂, 則無怗懘之音矣.

- 오음인 궁·상·각·치·우에 인간의 일을 견주고 있다. 그것이 과연 타당한가를 따지기 이전에, 이런 논리가 추구하는 궁극적인 이유가 무엇인지를 살필 필요가 있다. '무첩체지음(無怗懘之音)'으로 요약되는, 즉 불협화음이 없는 화해로운 세상을 바라는 마음을 오음의 화음에 비유했다.

『예기(禮記)·악기(樂記)』 133

• 제6절 : 오음은 정치

　궁이 어지러워 소리가 흩어지는 것은 그 임금이 교만한 탓이며, 상이 어지러워 소리가 기우는 것은 그 신하의 직분이 허물어진 탓이며, 각이 어지러워 소리가 수심에 겨운 것은 그 백성이 원망하기 때문이다. 치가 어지러워 소리가 서러운 것은 그 백성이 일하느라 힘들기 때문이다. 우가 어지러워 소리가 위태로운 것은 그 재화가 비었기 때문이다. 다섯 가지가 모두 어지러워 서로 침범하며 넘어서면, 이것을 '방만'이라고 한다. 이렇게 되면 그 나라는 하루도 못되어 멸망할 것이다.

　宮亂則荒, 其君驕; 商亂則陂, 其官壞; 角亂則憂, 其民怨; 徵亂則哀, 其事勤; 羽亂則危, 其財匱. 五者皆亂, 迭相陵, 謂之慢. 如此, 則國之滅亡無日矣.

　- 음이 각자가 지닌 음역(音域)을 넘어서는 것을 '방만'이라고 한다. 사실 이는 음악 용어가 아니다. 마음 용어이다. 그런 점에서『악기』는 치심서(治心書)로 읽을 필요가 있다. 오음이 옳게 구현되지 않는 것, 즉 어지러운 것은 각자의 상징처가 흔들리기 때문이다. 종국엔 망국으로 이르게 된다.

• 제7절 : 정음(鄭音)과 위음(衛音), 그리고 복수가 상간(桑間)의 음

　정음과 위음은 난세의 음으로 그 정치가 방만에 가깝고, 복수가 상간의 음은 망국의 음으로 그 정치가 제멋대로이고 백성이 유망하며 윗사람을 속이고 사심을 채우는데도 금지시킬 수 없다.

鄭・衛之音, 亂世之音也, 比於慢矣. 桑間・濮上之音, 亡國之音也, 其政散, 其民流, 誣上行私而不可止也.

　-옛 주나라의 제후국 가운데 정나라와 위나라는 중원의 중심에 있었고, 교류가 활발했던 상권이었다. 덕분에 유흥문화가 발달했고, 그래서 그곳의 음악은 세련되고 퇴폐적이기까지 했다. 유흥이란 사회의 생산성이 밖으로 흘러가, 결국 그 사회의 건강한 생산시스템을 무너뜨리고야 마는 법이다. 사람들의 기운을 북돋워야 할 유흥이 외려 나라를 망치는 흥청망청으로 변질되기는 한 순간이다. 화려했던 정나라와 위나라가 망국으로 흐른 것 또한 결국 정치나 사람들의 마음이 흐트러진 데에 그 원인이 있다.

● 제8절 : 군자라야 악(樂)을 알고, 악을 알면 예(禮)와 가깝다

　음은 인심에서 생기고, 악은 윤리에 통한다. 성은 알되 음을 모르는 것은 짐승이고, 음은 알되 악을 모르는 것은 보통사람이며, 오직 군자라야 악을 알 수 있다. 성을 살펴서 음을 알고, 음을 살펴서 악을 알며, 악을 살펴서 정치를 알면 다스리는 도리는 갖추어진다. 그래서 성을 모르는 자와 함께 음을 말할 수 없고, 음을 모르는 자와 함께 악을 말할 수 없다. 악을 안다면 예에 가깝다. 예와 악에 모두 마땅함을 얻으면 그것을 '유덕'이라고 한다. 덕이란 (예와 악을) 얻은 것이다.

　凡音者, 生於人心者也. 樂者, 通倫理者也. 是故知聲而不知音者, 禽獸是也. 知音而不知樂者, 衆庶是也. 唯君子爲能知樂, 是故審聲以知音, 審音以知樂, 審樂以知政, 而治道備矣. 是故不知聲者, 不可與言音. 不知音者, 不可與言樂. 知樂, 則幾於禮矣. 禮樂皆得, 謂之有德, 德者得也.

– 흔히 덕이 있는 사람을 군자라고 한다. 『악기』는 군자란 인간의 마음을 읽을 줄 아는 사람이라고 말한다. 그는 마음의 소리를 들을 줄 알기에 악을 안다. 짐승은 그저 소리를 느낄 뿐이요, 보통 사람도 그저 소리를 낼 줄 알지만 군자는 소리의 밑에 놓인 마음을 본다. '덕'이란 품성은 바로 마음을 '깨친' 자가 터득하여 소유하는 것이다.

• 제9절 : 유음(遺音)·유미(遺味) 속에 담긴 선왕의 뜻

악에 있어서 융성함은 음을 극진히 갖추는 것은 아니며, 사향의 예는 맛을 극진히 차리는 것이 아니다. 청묘를 연주하는 슬은 붉은 실을 누이어 현에 매기고 밑에 구멍을 뚫어 통하게 하며, 한 사람이 부르면 세 사람이 화답하여 부르지만 유음이 있다. 대향의 예는 현주를 바치고 날생선을 조에 올리며 육즙에 양념하지 않으나 유미가 있다. 선왕이 예악을 지은 것은 입이나 뱃속, 귀나 눈의 욕심을 한껏 채우기 위함이 아니며, 백성에게 좋아하고 싫어함을 고르게 하여 사람의 도리에 있어 올바른 경계로 되돌아가도록 하기 위한 것이다.

是故樂之隆, 非極音也, 食饗之禮, 非致味也. 淸廟之瑟, 朱弦而疏越, 壹唱而三歎, 有遺音者矣. 大饗之禮, 尙玄酒而俎腥魚, 大羹不和, 有遺味者矣. 是故先王之制禮樂也, 非以極口腹耳目之欲也, 將以敎民平好惡而反人道之正也.

– '유(遺)'는 오랜 경험의 축적과 고전화된 아름다움을 뜻한다. 시간적인 과거의 산물이란 의미의 '유산'도 이로부터 파생된, 지극히 표피적인 의미일 뿐이다. 고전화된 맛과 소리란 무엇일까? 『악기』는 조미하지 않은 자연의 맛과 욕망에 부응하지 않는 원초적인 소리를 고전적이라고 정의한다. 고전의 역할은 분명하다. 인간을 정도의 세계로 안내하는 바로미터이다. 지금도 고전을 공부하고 내세우는 이유도 마찬가지다. 현세의 욕망과 불안을 넘어설 기준을 잡기 위해서가 아니던가.

• **제10절 : 천리를 잃고 욕망을 다하니 크게 어지러워진다**

사람이 태어나면서 고요함은 하늘의 성이며, 외물에 느껴서 움직임은 성의 욕망이다. 외물이 다가오자 마음이 알게 되고, 그런 뒤에 좋아하고 싫어함이 드러난다. 안에서 좋아하고 싫어함이 절제되지 않고, 밖에서 마음이 유인당하여 제 몸을 돌이킬 수 없으면 천리가 사라진다. 외물이 사람을 끊임없이 감각시키고 사람의 좋아하고 싫어함에 절제가 없으면, 곧 외물이 이르렀을 때 사람은 외물에 의해 변화되고 만다. 사람이 외물에 의해 변화됨은 천리를 잃고 욕망을 다한다는 것이다. 그래서 패역하고 사기치는 마음을 먹고, 음일하고 작난하는 일을 저지르게 된다. 그 결과 강자는 약자를 으르고, 다수는 소수에게 횡포 부리며, 잔꾀 있는 자는 우둔한 자를 속이고, 사나운 자는 겁 있는 자를 괴롭히며, 병든 자를 보살핌을 받지 못하고, 늙거나 어린 자, 부모

없거나 자식 없는 자도 부양받지 못한다. 이것은 대란으로 가는 길이다.

人生而靜, 天之性也, 感於物而動, 性之欲也. 物至知知, 然後好惡形焉. 好惡無節於內, 知誘於外, 不能反躬, 天理滅矣. 夫物之感人無窮, 而人之好惡無節, 則是物至而人化物也. 人化物也者, 滅天理而窮人欲者也. 於是, 有悖逆詐僞之心, 有淫泆作亂之事. 是故强者脅弱, 衆者暴寡, 知者詐愚, 勇者苦怯, 疾病不養, 老幼孤獨不得其所, 此大亂之道也.

- 욕망은 삶의 동력이 되기도 하지만, 사심에 휘둘릴 때 전혀 다른 모습으로 변주된다. 『악기』는 욕망의 절제를 요구한다. 욕망의 존재 자체를 부정하지는 않는다. 이것이 무욕을 주장하는 논리들과 『악기』가 다른 지점에 서 있음을 보여준다. 욕망은 마음이 무언가를 위해 방향을 갖는 하나의 태도이다. 그러나 이것이 공공성을 상실할 때, 결국 다른 이와의 화합의 기본은 망각하게 된다. 그래서 이를 '대란'이라고 불렀다. 『악기』는 질서를 요구하지만, 이 질서가 군대식의 엄정한 규율을 뜻하진 않는다. 욕망과 욕망이 충돌하되 공공성을 전제로 하는 따스한 정연함을 요구한다.

•제11절 : 예(禮)·악(樂)·형(刑)·정(政)으로 왕도를 갖추다

그래서 선왕이 예악을 지은 것은 사람을 위해 절도를 만든 것으로, 상복과 곡읍은 상사를 절제하는 것이며, 종·고·간·척은 안락을 조화롭게 하는 것이며, 혼인과 관계례는 남녀를 구분하는 것이며, 사향

(射鄕)과 식향(食饗)은 교접을 바르게 하는 것이다. 예로 백성의 마음을 절제하고 악으로 백성의 성음을 조화롭게 하며, 정으로 실행하고, 형으로 방비하여 예·악·형·정이 사방으로 미치되 어그러지지 않으면 왕도가 갖추어진 것이다.

是故先王之制禮樂, 人爲之節, 衰麻·哭泣, 所以節喪也. 鐘鼓干戚, 所以和安樂也. 昏姻冠笄, 所以別男女也. 射鄕食饗, 所以正交接也. 禮節民心, 樂和民聲, 政以行之, 刑以防之. 禮樂刑政, 四達而不悖, 則王道備矣.

- '절(節)'이 핵심어다. 이는 개인적인 욕망의 절제로 표현되지만, 잊지 말아야 할 것은 '왕도'가 응시하는 것은 마음과 마음이 어우러져 있는 마음사회이지, 개별적인 마음 개체가 아니라는 점이다. 그래서 이 절제는 마음사회를 형성하기 위한 자제와 배려로 읽힌다.

5. 나의 『악기』: 화해로운 마음사회를 꿈꾸다

내가 『악기』를 처음 접한 것은 1992년 봄, 그로부터 작은 보고서를 내기까지 10년(2003), 그리고 다시 오늘. 이렇게 많은 분들 앞에서 '악기'란 책을 소개하기까지 10년이 걸렸나. 무엇보다 '어려운' '악기'를 이해하기 위해 앉아있는 분들에게 고마운 마음과 함께 부끄러운 마음을 바친다. 10년 전과, 다시 그 10년 전에 비해 지금 나의 '악기' 이해가 얼마나 진전이 있는시 자신이 없기 때문이다.

흔히 동양사상은 '예'와 '악'으로 나뉘고, 항용 '예악'으로 불린다. 생각하건대 인간의 이성과 합리적 질서를 '예' 속에 담아내고, 감성과 욕망의 흐름을 '악' 속에 포괄했던 것이다. 그런데 예를 서술한 저작은 십삼경(十三經) 가운데 『주례』, 『의례』, 『예기』 등 셋이나 있지만, 악을 서술한 공인된 저작은 끝내 보이지 않았다. 왜 그럴까? '악'을 논한 경(經)이 실존하지 않는 이유는 무엇일까? 누군가 없앤 것일까? 왜 '악경'은 위서로 존재할 수밖에 없는가? 그런데 가만히 생각해보면 '위서'란 누군가 '위(僞)'라고 낙인(烙印)한 것이다. 기실 정통과 이단은 늘 시기마다 이념마다 이슈마다 뒤바뀌니, '위'라는 낙인도 상대적인 검정일 뿐이다.

우리가 만날 수 있는 이른바 '경서'로서의 악은 『악기』 뿐이다. 『예기』 속의 '악기'뿐이다. '현존하는 상황'을 보면 악은 예 속에 편입되어 절제 받는다. 곧 악으로 대변되는 감성과 욕망의 흐름은 이성과 합리적 질서 속에서만 인정될 수 있었다. 이마저도 다행이 아닐 수 없다. '악'의 씨를 잉태하고 있는 '예'!

나는 '예기' 속의 '악기'를 보면서 무거운 예에 절제되고 눌려있는 악의 거친 호흡을 느낀다. 무수한 예에 구속되고 비틀어진 악의 부자연스러운 모습도 확인한다. 그러다가 『악기』 속의 '악례'를 보았을 때엔 '반전'의 짜릿함을 느꼈다. 악과 견주어지는 예의 초라한 모습을 보면서 묘한 상쾌함도 느꼈다. 이른바 경서 속에서, 아니 고전 서물 속에서 이렇게 예와 악이 전도된 경우가 있었던가? 사실 지금도 악은 예로부터 자유롭지 않다. 예는 주류요 다수이지만, 악은 비주류와 소수이다.

현재는 과거의 삶이 집적된 결과이다. 현재를 넘어서기 위해서는 지난 삶과 사유를 되돌아보는 것이 유일한 거처다. 그래서 우리는 지금 여기, 고전 앞에 있다. 그 유일한 거처인 '고전'으로부터 '새롭게 살아낼 것을' 찾아 생명을 불어넣어 현재를 독해할 수 있을 때에 우리는 지금을 옳게 바라볼 수 있는 '새로운 시준(視準)'을 갖게 될 것이다.

내가 『악기』를 주목하는 것은 집단, 거시, 서사, 일반, 이성, 합리, 통제, 닫힘이 아닌, 개별, 미시, 서정, 특수, 감성, 욕망, 방임, 열림을 확인할 수 있는 사상적 거처로서 '악'을 바라볼 수 있기 때문이다. 오늘 굳이 '악기'를 거론하는 이유는 바로 여기에 있다.

여전히 남은 문제들이 있다. 『악기』의 미학을 어떻게 이해할 것인가? 이른바 음악철학으로서는 어떤 의미인가? 아니 음악미학만인가? 동양 미학 차원에서 바라봐야 하는가? '화(和)'라고 하는 핵심원리를 어떻게 이해할 것인가? 『악기』 텍스트 안에서만 '논리적 완성'을 꿈꿀 것인가? 같은 시기의 '악'에 대한 논의를 집성하여 '새로운 악기'를 지을 수는 없을까?

글을 마무리하면서 초등학교 시절 음악시간을 생각해본다. 수업의 하이라이트는 돌림노래였다. 선생님의 풍금에 맞추어서 분단별로 한 소절씩 부르다보면 반 전체는 어느새 하나가 되어 버렸다. 이렇듯 악이 꿈꾸는 세상은 명징하다. 화합을 이룬 마음사회인 것이다. 음악서요 미학서로만 보였던 『악기』가 마음사회를 읽는 또 다른 텍스트로 보이니, 신기할 따름이다.

KBS 고전아카데미 **02**

정신의 풍경에서 노닐다

초판 1쇄   2014년 8월 10일

지은이   김교빈 외
엮은이   KBS 고전아카데미 기획위원

펴낸이   서정원
펴낸곳   도서출판 전망
주소   600-013 부산 중구 중앙동 3가 12-1 다촌빌딩 201호
전화   051. 466. 2006
팩스   051. 441. 4445
E-mail   w441@chol.com
출판등록 제카1-166

값 10,000원
ISBN 978-89-7973-372-3

「이 도서의 국립중앙도서관 출판예정도서목록(CIP)은 서지정보유통지원시스템 홈페이지(http://seoji.nl.go.kr)와 국가자료공동목록시스템 (http://www.nl.go.kr/kolisnet)에서 이용하실 수 있습니다.(CIP제어번호: CIP2014022924)」

* 저자와의 협의에 의해 인지를 생략합니다.